Francesco De Meo

Den schlafenden Riesen wecken

Wie ein gesundes Gesundheitssystem entsteht,
wenn wir es wirklich wollen

Frankfurter
Allgemeine
Buch

Bibliografische Information der Deutschen Nationalbibliothek
Die Deutsche Nationalbibliothek verzeichnet diese Publikation in der Deutschen Nationalbibliografie; detaillierte bibliografische Daten sind im Internet über http://dnb.d-nb.de abrufbar.

Frankfurter
Allgemeine
Buch

Frankfurter Allgemeine Buch
Pariser Straße 1
60486 Frankfurt am Main

Umschlag: Nina Hegemann
Titelfoto: © Adobe Stock/Trsakaoe
Satz: Jan Walter Hofmann
Druck: CPI books GmbH, Leck
Printed in Germany

1. Auflage
Frankfurt am Main 2024
ISBN 978-3-96251-202-6

Frankfurter Allgemeine Buch hat sich zu einer nachhaltigen Buchproduktion verpflichtet und erwirbt gemeinsam mit den Lieferanten Emissionsminderungszertifikate zur Kompensation des CO_2-Ausstoßes.

In dieser Publikation wurde aufgrund der besseren Lesbarkeit das generische Maskulinum verwendet, womit immer weibliche, männliche und diverse Personen gemeint sind.

Inhalt

Einführung: Was möglich wäre im Gesundheitswesen

Gesundheit geht uns alle an. Gesundheitsversorgung ist ein soziales Gut. Aber unser Gesundheitssystem bewegt sich in selbst auferlegten Grenzen. Seit Jahrzehnten wird darüber in Deutschland debattiert. Unzählige Kongresse finden dazu jedes Jahr statt. Die Zahl der politischen Programme, wie das zu ändern ist, wächst ins Unendliche.

Nur: In der Realität ändert sich nichts. Auch wenn Politiker wie der derzeitige Gesundheitsminister Karl Lauterbach sich mutig vornehmen, viel zu erneuern. Tatsache ist, dass Karl Lauterbach viele Themen angefasst hat. Er hat mehr Gesetze lanciert als jeder Gesundheitsminister vor ihm. Und er hat in Sachen Digitalisierung eine strenge Datenagenda auf den Weg gebracht. Doch in der Art, wie er diese Veränderungen angefasst hat, „Ich gegen alle", scheint es mir, dass er sich in den Auseinandersetzungen um einen Bereich, das Krankenhauswesen, zu sehr verzettelt hat. Ich bin mir sicher, dass es ihm in seiner noch verbleibenden Amtszeit nicht mehr gelingen kann, die Rahmenbedingungen „top down" so umzugestalten, dass die für die Gesundheitsversorgung vor Ort Verantwortlichen die in der Versorgungspraxis notwendigen Veränderungen vorantreiben könnten.

Es gilt die inhärenten Grenzen und systemischen Dysfunktionen im deutschen Gesundheitswesen konsequent aufzubrechen, wenn die Gesundheitsversorgung besser werden soll. Dieses Buch ist ein Weckruf an alle, die in unserem

Gesundheitssystem Verantwortung tragen. Es ist ein Plädoyer für eine aktive Transformation weg vom bewahrenden Stillstand. Nicht zuletzt ist es auch ein Mutmacher für uns alle, denen an einer guten, bedarfsgerechten Gesundheitsversorgung gelegen ist. Denn, das möchte ich mit diesem Buch aufzeigen: Eine Veränderung zum Besseren ist möglich.

Ein gutes Gesundheitssystem schafft flächendeckend Zugang zu bezahlbarer Gesundheitsversorgung und sichert gleichzeitig eine hohe Qualität der Leistungen. Es fördert die medizinische Evidenz, pflegerische Exzellenz und ein personalisiert bedarfsgerechtes Handeln, schont Ressourcen bei Einsatz zeitgemäßer Technologien und investiert gutes Geld in die Zukunft.

Über 20 Jahre konnte ich im Gesundheitswesen in Europa mitwirken. Begonnen hat alles im Jahr 2000. Ich durfte die größte private Klinikgruppe in Europa aufbauen und mitgestalten. Ich durfte ein Gesundheitsunternehmen entwickeln, das 130.000+ Menschen beschäftigt, eine Milliarde+ Euro jährlich an Gewinn macht und in Europa pro Jahr 20+ Millionen Menschen behandelt. Entstanden ist dieser Konzern aus einer Handvoll kleiner Kliniken, entwickelt und weiter ausgebaut mit Privatisierungen in Deutschland. Es folgte die Konsolidierung des deutschen Marktes, der Gang nach Europa, schließlich global und digital. Wir waren das Paradebeispiel eines Start-ups im Gesundheitswesen, bevor es den Begriff überhaupt gab. Schon im Jahr 2004 konnten wir über eine Milliarde Euro Umsatz erwirtschaften und waren profitabel. Schließlich haben wir ab 2006 das Vertrauen der Finanzmärkte gewinnen können und durften international wachsen. Ohne Zweifel eine dynamische Entwicklung und ein unternehmerischer Erfolg. Aber im Gesundheitssystem selbst und in den Gesundheitsmärkten hat sich seit 2000 wenig, zu wenig, geändert.

Dabei steckt darin angesichts dessen Größe und Komplexität im wahrsten Sinne des Wortes riesiges Potenzial.

Der Riese schläft.

Dämmert im Dornröschenschlaf vor sich hin.

Ich sage: Es ist höchste Zeit, ihn zu wecken!

Die Strukturen und Mechanismen im Gesundheitswesen ändern sich nur langsam. Kein Grund allerdings, innezuhalten. Eine Wendung zum Besseren ist allein schon aus demografischen Gründen überfällig. Und sie braucht echte Transformation.

Die Veränderung „von unten her" leiten

Menschen lassen sich bewegen, wenn ihnen klar wird, dass ein Wandel in ihrem ureigenen Interesse liegt. Als Chef der Nummer 1 der Klinikkonzerne in Europa war es von Anfang an mein Ziel, Prozesse zu verändern und zu standardisieren, um die Qualität zu steigern und gleichzeitig sinnlose Kosten zu vermeiden. Wir haben marode Kliniken übernommen, alte Gebäude abgerissen, Strukturen umgekrempelt, Arbeitsabläufe geändert – nicht immer zur Freude von Chefärzten, Beschäftigten, Gewerkschaften, aber für einen guten und sinnvollen Zweck, der an der Basis umgesetzt wurde: Wir haben damit unsere Kliniken zu Qualitätsführern gemacht. Die Leistungsverbesserungen in unseren Kliniken waren das Ergebnis einer jeweils vor Ort konkret adaptierten agilen Strategie nach dem Leitspruch: „Es gibt immer etwas zu tun! Und Veränderungen müssen an der Basis beginnen."

Ich war, bin und bleibe fest davon überzeugt: Eine strikt am Patientennutzen orientierte Organisation von Krankenhäusern erreicht eine höhere Patientenakzeptanz und Mitarbeiterzufriedenheit und damit auch bessere medizinische und wirtschaftliche Ergebnisse! Junge Krankenhausmanager aus der „Helios-Schule“ haben diese Philosophie und ihre Erfahrungen als Manager oder Berater öffentlicher und gemeinnütziger Kliniken weitergetragen. Wir haben an zahlreichen Stellen im Gesundheitssystem dafür gesorgt, Prozesse an Qualität orientiert effizient zu managen. Wir haben Kollegen beigebracht, die Ärzte, die Pflegekräfte, das gesamte Klinikpersonal auf ein gemeinsames Ziel einzuschwören und auszurichten.

Was zu tun ist!

Doch an diesem Ziel sind wir in Deutschland insgesamt noch lange nicht. Aufgrund knapper Finanzmittel steht unser Gesundheitswesen heute mehr denn je vor wachsenden Herausforderungen. Es gibt auf der anderen Seite erhebliche Potenziale in digitalen Technologien und in der medizinischen, therapeutischen und pharmazeutischen Forschung. Wenn wir diese Potenziale nutzen wollen, benötigen wir eine agilere Strategie für das gesamte Gesundheitswesen. Es braucht klare Verantwortlichkeiten der relevanten Akteure, flexible Rahmenbedingungen, ein Grundvertrauen der Politik und die entsprechend adaptierten gesetzlichen Bedingungen, damit wir beides erreichen können: gute Versorgungsqualität und ökonomische Exzellenz. Die Wirtschaftlichkeit im Gesundheitswesen, die damit mögliche Profitabilität, ist kein Teufelszeug, sondern für mich vielmehr ethisch notwendige Voraussetzung, um die Misere zu beenden und das Gesundheitssystem in eine nachhaltig gute Zukunft zu entwickeln. Ständig wird darüber geredet, was zu tun wäre. Momentan wird aber viel zu wenig getan, um unser Gesundheitssystem so zu verbessern, dass verantwortlich handelnde Akteure das leisten können, wozu sie eigentlich in der Lage sein sollten: eine bessere Versorgung der Menschen sicherzustellen. Obwohl die demografische Zeitbombe tickt. Und trotz aller Diskussionen über Reformen, die sich leider viel zu häufig als Mogelpackung entpuppten.

Aus allen diesen Erfahrungen und Überlegungen ist eine adaptierte Strategie entstanden, die mich zu diesem Buch motiviert hat. Aus der Überzeugung, dass ein „Weiter so" nicht mehr genügen wird. Aus der Wahrnehmung, dass die Zeit reif ist, sowohl gesellschaftlich, sozial als auch ökonomisch. Aus der Erfahrung und Prägung, wie sehr die überlieferten Denkstrukturen bis heute dazu beitragen, dass sich keiner über den eigenen Tellerrand hinauswagt. Aus der Erkenntnis, dass im System praktisch alles bestimmt wird von Finanzierungsformen für die Gesundheitsdienstleistungen.

Meine Leitgedanken für ein künftiges Gesundheitswesen

Die präventive, diagnostische und therapeutische Reise der Menschen in einem Gesundheitssystem erfolgt für alle im nahen Lebensumfeld zugänglich, datentechnisch barrierefrei, medizinisch-pflegerisch evidenzbasiert und stets bedarfsgenau mit einer personalisierten Gesundheitsversorgung. Diese Reise der Menschen ist dabei realitätsnah und zudem ressourcenschonend organisiert, vor allem mithilfe von Digital Health inklusive datenfundierter Algorithmen und von Expertensystemen adaptierter Avatar-KI.

Was wäre möglich, wenn wir alle gemeinsam ausschließlich an diesem einem Ziel orientiert handelten? Als das primäre Ziel schlicht den einfachen Zugang, bedarfsgerechtes Handeln und die ressourcenschonende Organisation des Gesundheitswesens unbeirrbar im Auge behielten? In der Umsetzung die Möglichkeiten der modernen Medizin einsetzten, die digitale Innovation wagten, Potenziale von Algorithmen und KI nutzten? Schließlich das knapper werdende Geld deutlich klüger investierten?

Genau davon handelt dieses Buch. Es zeigt auf, warum und wie konkret eine bessere Gesundheitsversorgung möglich wäre. Was schon gut ist. Wo die Risiken liegen. Wer heute die Regeln setzt und das Tempo bestimmt. Wo der schmale Grat zwischen Profitmaximierung und Qualitätsorientierung verläuft. Das werde ich in zehn Episoden beispielhaft illustrieren. Geschichten, Anekdoten, Zusammenhänge, die ich aus meiner langjährigen Praxis erzählen kann und die konkret aufzeigen, woran unser Gesundheitswesen derzeit krankt – und wie es besser gemacht werden kann. Ich möchte Chancen aufzeigen, wie der schlafende Riese endlich geweckt und in Bewegung versetzt werden kann.

Dabei konzentriere ich mich auf Deutschland. Erstens, weil ich selbst die meisten Erfahrungen im deutschen Markt gemacht habe. Zweitens, weil das deutsche Gesundheitswesen heutzutage besonders viel Potenzial zur Verbesserung bietet. Punktuell habe ich meine Beispiele um Vergleiche mit anderen Gesundheitsmärkten erweitert, auch diese gespeist aus selbst Erlebtem. Ich beschreibe entlang der Episoden mit beispielhaften Analysen schließlich, wie sich die verschiedenen Bereiche damit perspektivisch besser gestalten ließen.

Deutschland braucht für sein Gesundheitswesen ein radikales Umdenken. Weg von Intervention, hin zur Prävention. Weg von selektiv, hin zu kooperativ. Weg von sektoralen Silos, hin zu barrierefreien Behandlungspfaden. Weg von Papierbergen, hin zu digitalen Prozessen. Weg von Datenbunkern, hin zu einer interaktiven Datenplattform. Weg von einer Verschwendung der Ressourcen, hin zu einer intelligenten Organisation der künftig weiter abnehmenden Ressourcen. Weg vom Reden, hin zum Handeln. Weg aus den Echokammern, hin zur Ehrlichkeit.

Manche mögen dieses Buch nicht als Weckruf verstehen, sondern als anekdotische Utopie – einige Gesundheitsfunktionäre allemal. „Weit gefehlt!", halte ich den Kollegen überzeugt entgegen. Die Reise im Gesundheitswesen hat nämlich längst begonnen. Transformation ist heute nicht mehr die Frage des Ob, sondern des Wann und Wie. Beides hängt fest zusammen. Je früher wir also aktiv werden, desto eher gelingt es uns, diese Transformation kontrolliert selbst zu gestalten. Und die Utopie eines gesunden Gesundheitswesens könnte künftig tatsächlich zur Realität werden.

Wenn wir es denn wirklich wollen.

Episode #1
Weiße Elefanten sterben nicht

Weiße Elefanten sterben nicht! So die Antwort unseres Finanzchefs auf die Frage der Kollegen, warum wir uns am Verfahren zum Verkauf des Klinikums Buch in Berlin beteiligen sollten. Wir schreiben das Jahr 2001, wir sitzen im „Kurfürst“, der neuen Konzernzentrale von Helios in Fulda, beim morgendlichen Briefing unseres Führungsteams. Vor uns auf dem Tisch liegt ein dickes grünes Buch, dessen Einband in British Racing Green gehalten ist – traditionell die Farbe der Marke Helios. Ein gutes Omen, denke ich. Sowohl der Finanzchef als auch ich sind dafür, uns an der Transaktion zu beteiligen. Wir sind beide noch relativ neu im Gesundheitsgeschäft, ich selbst erst seit wenigen Monaten bei Helios. Die Kollegen sind etwas skeptisch. Sie scheuen die Komplexität von Maximalversorgern, sind aber natürlich begeistert von „weißen Elefanten“.

Charme und Risiken von Größe

So kam es zu einer Transaktion, die Helios zu einem ernsthaften Wettbewerber im deutschen Markt machte als privater Träger von Krankenhäusern der Akutversorgung. Wir waren bis dahin die Nummer 4 oder 5, stiegen mit dem Erwerb des Klinikums Buch auf. Wir gewannen die Ausschreibung gegen die damals unbestrittene Nummer 1, die börsennotierte Rhön-Klinikum AG. Wir kauften und bauten uns den „weißen Elefanten“, den ersten Maximalversorger, der in Deutschland privatisiert wurde. Das tat die Politik aus der Not, weil die Klinik abgewirtschaftet, überdimensioniert, von einem Investitionsstau geplagt war.

In DDR-Zeiten galt sie als das größte Krankenhaus Eurasiens mit fast 4000 Betten, verteilt auf insgesamt fünf örtlich getrennte Bereiche mit fünf Küchen und 150 Fahrzeugen, die nur für die interne Logistik benötigt wurden. Und um die insgesamt 167 Gebäude anzufahren, die das Klinikum umfasste. In der Nachwendezeit folgten Jahre ohne Instandhaltung, kaum Investitionen, fehlendes Geld für Innovationen. Die Zahl der Beschäftigten lag fast noch auf dem Niveau für 4000 Betten, obgleich wir der Ausschreibung zufolge künftig nur noch knapp 1000 Betten behalten sollten. Hinzu gepackt wurden die Robert-Rössle-Klinik und die Franz-Volhard-Klinik, zwei Spezialkliniken für Onkologie und Kardiologie, seit der Wiedervereinigung Teil der Charité. Beide Spezialkliniken lagen räumlich nah, noch am Rande Berlins.

Das Schwarze-Peter-Spiel der Finanzierung

Es fand ein öffentliches Verfahren statt, bei dem Rhön und Helios als Bewerber übrig blieben. Rhön versuchte, mit einem Finanzierungskonzept zu punkten, das jedoch von den Krankenkassen abgelehnt wurde, da es diese stark belastet hätte. Dadurch änderte sich die Situation. Letztendlich erhielten wir den Zuschlag. Der damalige Streitpunkt spiegelt die Herausforderungen im deutschen Gesundheitswesen wider. Es gibt verschiedene Geldquellen, aus denen die Investitionen und der Betrieb von Gesundheitsanbietern finanziert werden. Eigentlich ist es Aufgabe der Länder, die baulichen und medizintechnischen Investitionen in Krankenhäusern zu finanzieren. Der Betrieb eines Krankenhauses wird hingegen von den Krankenkassen finanziert, also aus den Solidarbeiträgen der Versichertengemeinschaft. Seit dem Jahr 2004 vereinbaren

Krankenkassen die Krankenhausbudgets mit jeder einzelnen Klinik auf der Grundlage von Fallpauschalen nach einem Katalog von Diagnosen (DRG/Diagnosis Related Groups). Im Jahr 2001 befand sich das DRG-System noch in einer Übergangsphase bis zu dem für alle obligatorischen Start ab 2004. Wer wollte, konnte schon 2003 für den Umstieg optieren. Zu Beginn gab es noch manch offene Detailfrage, etwa bei der Finanzierung von Investitionen. Es gab Gesetzesregelungen, die explizit auf den Verzicht von Fördermitteln eingingen. Wenn ein solcher Verzicht mit dem Land vereinbart wurde, konnte derjenige, der auf diese Fördermittel verzichtete, einen Zuschlag zum DRG-Budget (Betrieb) von den Krankenkassen verlangen, der über längere Laufzeiten umgerechnet wurde.

Das Land Berlin wollte Berlin-Buch aus politischen Gründen nicht schließen, war aber auch nicht bereit, geschätzte 200 Millionen Euro für die erforderlichen Investitionen auszugeben. Es gab eine lange Liste von Investitionsbedarfen anderer Krankenhäuser in Berlin, wobei die Charité Priorität hatte. Die Verhandlungslogik legte nahe, auf die Förderung durch das Land zu verzichten – da nicht mit Geld vom Land zu rechnen war – und diesen Betrag dann als Zuschlag zum DRG-Budget von den Krankenkassen einzufordern. Rhön hatte mit diesem Modell schon Erfolg gehabt. Die Krankenkassen unter Federführung der AOK waren zwar bereit, eine solide Laufzeit der Vereinbarung zu den DRG-Budgets für Berlin-Buch zu akzeptieren, jedoch nicht die schrittweise Finanzierung der Investitionsmittel durch die Kassenbudgets, die in einem Vertrag zum Verzicht auf Fördermittel zu vereinbaren gewesen wäre. Diese Investitionen sollten wirtschaftlich vom Erwerber getragen werden. Unsere Kombination aus Investitionsverpflichtung und Verlässlichkeit in der DRG-Budgetvereinbarung erhielt letztendlich den Zuschlag, da sowohl die Interessen des Landes als auch der Krankenkassen berücksichtigt wurden.

Damals, zu Beginn meiner Zeit in der deutschen Gesundheitsbranche, lernte ich anhand der Transaktion Berlin-Buch ein systemisches Dilemma im deutschen Gesundheitswesen kennen: Die Akteure blockieren sich gegenseitig und das tun sie seit Jahrzehnten. Alle wissen im Grundsatz, was zu tun wäre. Aber keiner macht den ersten Schritt. Alle suchen nach Lösungen, die am Bestehenden möglichst wenig ändern und dennoch verkaufbar sind - wie damals die ersten Privatisierungen.

Wer sich bewegt, der verliert

Es wird oft darüber diskutiert, wie man das bestehende Gesundheitssystem erhalten oder sogar ausbauen kann. Politik und Medien verkaufen dies als „Rettung" des Gesundheitswesens oder als „Rettung" eines bestimmten Krankenhauses bei Privatisierungen, rechtfertigen damit auch, weitere Unsummen ins bestehende System zu pumpen. Neuerdings spricht die Politik von einer „Entökonomisierung". Insgeheim soll mit der aktuellen Gesundheitsreform jedoch die längst überfällige Reduzierung der Krankenhäuser eingeleitet werden, was zu einer Welle von Krankenhausinsolvenzen führen wird. So weit, so schlecht: Die Versorgungsqualität in Deutschland ist nach Ansicht fast aller Beteiligten trotz zusätzlicher Milliardenbeträge gesunken.

Das Prinzip „mehr Geld für weniger Qualität" gilt für das Gesundheitswesen im „Normalbetrieb" genauso wie in Ausnahmesituationen. Ein Beispiel: Zu Beginn der Coronapandemie konnte der Bundesgesundheitsminister über fünf Milliarden Euro aus den Rücklagen der Krankenversicherten verfügen, um die Krankenhäuser zu unterstützen. Die

Krankenhäuser wurden aufgefordert, neben Notfällen nur noch Coronapatienten zu behandeln. Eigentlich hätten die Bundesländer für die Finanzierung im Rahmen des Infektionsschutzes zuständig sein müssen. Stattdessen nahmen die Bundesländer gerne die vorgeschlagene Finanzierung aus dem Risikofonds der Krankenversicherten an. Die Milliarden wurden großzügig verteilt, später nach einem konkreteren Schlüssel, der sich an der Anzahl der Intensivbetten und ihrer Auslastung mit Coronapatienten orientierte. Für die Krankenhäuser war dies ein Geldsegen, für einige davon in der Pandemie eine neue Einnahmequelle.

Pandemischer Aktionismus – pandemischer Blues

Ich habe damals mit Interviews, Blogs und Stellungnahmen versucht, den Menschen etwas Angst zu nehmen. Durch den Blick auf die Fakten. Ich habe aufgezeigt, warum die bestehende Infrastruktur – gerade Intensivbetten – in Deutschland ausreichen wird. Ich wollte mit Evidenz und Fakten die Menschen wegbringen von Angst und Aktionismus. Wir haben bei Helios deshalb täglich die Daten zur Auslastung unserer Intensivbetten im Internet veröffentlicht. Und über die Initiative Qualitätsmedizin (IQM) Studien mit Daten aus rund 300 Kliniken aller Trägergruppen publiziert. Die Fakten sprachen eigentlich eine deutliche Sprache: Tatsächlich zeigten sie, dass wir auch (oder gerade) in dieser Zeit genug Intensivbetten hatten. Wir mussten aber ernüchtert feststellen: Fakten wurden anders konnotiert, weil sie nicht in das Covidnarrativ von Politik und Medien passten, das eine latente Überlastung des Systems suggerierte. Und sie wurden vereinzelt sogar missbraucht von denjenigen, welche die Pandemie nur verharmlosen wollten.

Fakt zur Pandemie bleibt: Das deutsche Gesundheitswesen hat sich in dieser Zeit politisch motiviert abgewandt von

Menschen, die zwar kein Covid hatten, aber krank waren und Hilfe benötigt hätten. Es war per Anweisung auf Corona fokussiert, dafür aber zunächst nicht gut organisiert. Die bekannten Schwächen wurden in der Pandemie offenbar: keine verlässlichen Versorgungsdaten zur Steuerung des Leistungsgeschehens. Eine mangelhafte Vernetzung der Akteure vor Ort. Selbst in der Pandemie vorherrschende Partikularinteressen.

Fakt auch: Die Krankenhäuser haben in Deutschland während der Pandemie insgesamt sehr viel Geld erhalten. Anders als zum Beispiel in Spanien. Die Covidsterblichkeit in den Krankenhäusern lag in Spanien jedoch niedriger als in Deutschland und das bei nur einem Drittel deutscher Intensivkapazitäten.

Wie ging es nach der Pandemie weiter?

In Deutschland etablierte sich trotz der ausbleibenden Patienten das Bild weiterhin permanenter Überlastung der Beschäftigten in den Krankenhäusern. Management und Beschäftigte konnten sich nicht aus dem Pandemieschock befreien. Es fühlte sich – so eine bemerkenswert markante Wortwahl bei den späteren Marktanalysen – an wie eine Art „Pandemieblues". Viele Patienten tun sich heute tatsächlich schwer, den Weg in die deutschen Krankenhäuser zurückzufinden. Die Menschen haben während der Pandemie erkannt, dass eine Behandlung im Krankenhaus nicht immer die erste Wahl sein muss. Sie reflektieren vermehrt die eigenen Bedürfnisse und können heute mehr nach dem echten medizinischen Bedarf handeln. Insgesamt war die Gesamtzahl der stationären Patienten in Deutschland im Jahr 2023 immer noch wesentlich unterhalb des Niveaus des Jahres 2019. Das bedeutet derzeit hohe Einbußen in den Erlösen vieler Krankenhäuser, was bis 2023 durch Staatshilfen abgefedert wurde. Bereinigt man die publizierten Margen um die bekannten Staatshilfen und bilanzielle Sondereffekte, offenbaren sich die tatsächlichen Margen. Die sehen bei vielen mittlerweile schmal aus. Keine Überraschung also, wenn sich Krankenhäuser vor Insolvenzen fürchten.

Der nachhaltige Einbruch bei der Anzahl stationärer Patienten ist einer von zwei Gründen für die wirtschaftlichen Schwierigkeiten von Krankenhäusern in Deutschland. Hinzu kommen Liquiditätsengpässe, weil die Krankenkassen Pflegebudgets für die Jahre seit 2020 streitig verhandelten und temporär die Liquidität der Krankenhäuser austrockneten. Diese Strategie zielte darauf ab, dass Krankenhäuser in der Not niedrigere Pflegebudgets akzeptierten. Damit wurde zugleich die Budgetbasis abgeflacht. Wie meist ging es also ums Geld.

Den Krankenkassen muss man allerdings zugestehen, dass die Situation im Prinzip vom Gesetzgeber und den Krankenhäusern selbst verursacht wurde. Denn bei der Herausnahme des Pflegebudgets aus dem DRG-Fallpauschalen-Katalog blieben einige Details zur Zuordnung von Beschäftigten zur Pflege (insbesondere des pflegenahen Servicepersonals) zunächst unklar, was von den Krankenhäusern zum eigenen Vorteil ausgenutzt wurde. Dies wurde während der Pandemie zwar rückwirkend beseitigt. Das wiederum entfachte aber erst den Streit um die Feststellung der Pflegebudgets ab 2020.

Wo sind die Patienten hin?

Wie auch immer, eine ganz maßgebliche Erkenntnis steht fest: Seit 2019 kommen nicht mehr ausreichend Patienten in deutsche Krankenhäuser, um einen Fortbestand der Infrastrukturen im bisherigen Umfang zu rechtfertigen.

Deshalb war es folgerichtig, die exorbitant hohe Anzahl der Krankenhäuser in Deutschland zu hinterfragen, deren

Vernetzung in den ambulanten Strukturen zu überdenken und so stärker auf Qualität als auf Bewahren zu setzen. Das war das Ziel und der eigentliche Anlass für die seit 2022 diskutierte Gesundheitsreform.

Eigentlich – wäre da nicht die Energiekrise gekommen! Sie entpuppte sich als Glücksfall für Bestandsdenker. Sie spülte für 2023 weitere Staatshilfen von über vier Milliarden Euro in die deutschen Krankenhäuser, erneut verteilt über die Anzahl der Planbetten, ein Segen für alle weißen Elefanten. Eines immerhin hatten Politik und Gesetzgeber verändert: Während in der Pandemie gewährte Staatshilfen noch ohne jede Einschränkung an Eigentümer und – per Boni – an Manager „weitergereicht" werden konnten, ist dies bei den Energiehilfen nur noch sehr begrenzt möglich.

Weiße Elefanten sterben nicht. Ein Mantra im deutschen Gesundheitswesen, das sich hartnäckig am Leben hält. Viele Akteure arbeiten bis heute sehr erfolgreich daran, das Bestehende zu bewahren und das zum Erhalt oder Ausbau nötige Geld möglichst aus Versichertenbeiträgen zu organisieren.

Tischlein deck dich

Private Krankenhausträger sind in einer idealen Position. Sie haben früher marode öffentliche Kliniken – insbesondere die kleineren Standorte – übernommen und somit vor Insolvenz oder Schließung gerettet. Früher wurden fast alle bedrohten Krankenhäuser in Deutschland zu „weißen Elefanten" erklärt. Die Privatisierung war die Lösung. Mittlerweile sind die meisten deutschen Krankenhäuser in privater Trägerschaft. Im Schwerpunkt handelt es sich dabei um die kleineren Standorte nach Patienten und Betten. Wenn diese Krankenhäuser früher vom Markt genommen statt privatisiert worden wären, hätte sich die Kliniklandschaft bereits weitgehend bereinigt.

Es gäbe rund 1100 Krankenhäuser, also rund 800 weniger als heute. Das wäre zwar immer noch mehr, als Experten für notwendig halten, aber näher an der Anzahl, die für eine bedarfsgerechte Gesundheitsversorgung in Deutschland benötigt wird.

Die privaten Träger haben die übernommenen Krankenhäuser nicht nur „gerettet", sondern auch wirtschaftlich solide aufgestellt – bei gleichbleibender oder sogar besserer Versorgungsqualität. Dies wurde durch die Umstellung der Vergütung auf DRG-Fallpauschalen begünstigt. Eine bessere Organisation und Effizienzsteigerungen führten dazu, dass am Ende des Jahres ein Überschuss im DRG-Budget vorhanden war (Gewinn). Mit diesem Gewinn konnten die privaten Träger in ihre Krankenhäuser investieren, wodurch diese für mehr Patienten attraktiver wurden. Viele private Träger hatten auch Spielraum für Investitionen im ambulanten Bereich, die aufgrund einer späteren Reform zur Gründung von MVZ (Medizinische Versorgungszentren) durch Krankenhäuser begünstigt wurden. Wer sich in den letzten beiden Jahrzehnten nicht an diese Rahmenbedingungen angepasst und weiterentwickelt hatte, blieb demgegenüber in einer Spirale aus Investitionsstau und Ineffizienzen gefangen. In dieser „Todeszone" drohen nun Insolvenzen und Schließungen. Profitabel aufgestellte Kliniken (auch die privater Träger) könnten dann auf noch mehr Patienten hoffen, die von den dann insolventen Krankenhäusern kämen.

Zukunft ist jetzt und Veränderung passiert vor Ort

Damit das deutsche Gesundheitssystem tatsächlich zukunftsfähig und dauerhaft besser wird, müssen historische Strukturen in den nächsten Jahren verschwinden. Es gilt, die Strukturen künftig mehr an den Menschen anzupassen.

Gute Gesundheitsversorgung kennt und bedient nämlich den „echten“ Bedarf der Menschen. Dieser Bedarf der Menschen manifestiert sich räumlich in deren Lebensumfeld und braucht inhaltlich eine populationsbezogene medizinische Evidenz. Gute Gesundheitsversorgung orientiert sich inhaltlich an der praktischen Versorgungswissenschaft, sie organisiert sich in kooperativen regionalen Versorgungsnetzwerken und schafft hierfür nötige Freiräume. Es braucht eine regulatorische Balance zwischen sozialpolitischen Rahmenvorgaben und freiem Wettbewerb. Es braucht eine neu gelebte Evidenz, also ein Handeln auf nachweisbarer faktischer Basis und die Transparenz für Qualitätsstandards in der Medizin und Pflege.

Weiße Elefanten sterben nicht, sie sortieren sich als sogenannte Clusterzentren auf ihren künftigen Platz als Zentren der qualitativ neuen Krankenhauslandschaft in regional organisierten Netzwerken. Kliniken wären dann künftig nominiert in unterschiedlichen Leistungsstufen. Einigkeit zur genauen Zahl an nötigen Standorten besteht nicht, aber Konsens zur Orientierung, wonach für die Gesundheitsversorgung von 150.000 bis 250.000 Menschen ein Standort im Level eines Clusterzentrums ausreicht. Damit lägen wir für Deutschland künftig bei unter 400 solcher Zentren und insgesamt rund 1000 Akutklinik-Standorten. Unabhängig davon wären Standorte von Rehakliniken zu hinterfragen, die Rolle von BG-Kliniken in den Versorgungsclustern neu zu modellieren, spezielle Versorgungsbereiche wie die Knappschaftsversorgung oder Bundeswehr mit ihrer Infrastruktur – etwa für Notfälle – mit einzuordnen.

Von den heute existenten Krankenhäusern der Akutversorgung in Deutschland stünden bei der Transformation bis zu 1000 Standorte zur Disposition. Allerdings nicht zwingend alle für eine Schließung oder eine Insolvenz, einige blieben im

Bestand für sinnvolle(re) Rollen in kooperativen Versorgungsclustern. Nach dem konkret für eine lokale Population ermittelten Bedarf würden diese Standorte dann mit spezifischen ambulanten oder auch (teil)stationären Versorgungsaufträgen belegt. Übergänge zwischen ambulanter und stationärer Versorgung wären fließend.

Ängste der Menschen und Kalküle der Gesundheitsfunktionäre

Das meiste davon dürfte seitens der Bestandsbewahrer zu heftiger Gegenwehr führen. Auch zu Ängsten bei den niedergelassenen Ärzten und deren Kassenärztlichen Vereinigungen. Weil diese wiederum eine Entwicklung zu ihren Lasten und zum Vorteil der Krankenhausstandorte befürchten. Dabei sind solche kooperativen Netzwerke vorteilhaft auch für die niedergelassenen Ärzte, wo es sie noch gibt in Deutschland. In ihnen käme den niedergelassenen Ärzten nämlich eine maßgebliche Steuerungsfunktion zu. In Landschaften, in denen es einen Mangel an niedergelassenen Ärzten gibt, würde die Klinik als Gesundheitszentrum dann ambulante Aufgaben (mit)übernehmen. Die künftig ambulant Tätigen – Niedergelassene und Kliniken – erhielten insgesamt einen größeren Anteil am Gesamtbudget als bislang. Der Beruf Arzt würde damit auch auf dem Land vielleicht wieder an Attraktivität gewinnen. Die in Deutschland ungeklärte Gretchenfrage nach Sinn und Wertschöpfung der doppelten Facharztschiene, also der parallelen Vorhaltung und Finanzierung von Fachärzten im ambulanten und stationären Sektor, käme in regionalen Versorgungsclustern konkret auf den Tisch, es bestünde die Chance auf lokal praktische Lösungen. Wie in anderen europäischen Ländern könnte das Belegarztsystem – wo regional sinnvoll – gestärkt werden, den niedergelassenen Fachärzten könnten Türen zu Gesundheitszentren attraktiv geöffnet werden. Belegarzttätigkeiten würden wiederum besser vergütet als heutzutage. Es entstünden unternehmerisch neue Formen an Praxen als Gemeinschaftspraxis oder mit MVZ. Es bildeten sich sukzessive zügig mehr Zentren für ambulantes Operieren, egal ob angegliedert an die Gesundheitszentren oder an Krankenhäuser. Und auch die diagnostischen Leistungsanbieter fänden ihren funktionalen Platz im Gesundheitsnetzwerk und würden integrativer in die regionalen Versorgungscluster eingebunden.

Insgesamt wäre eine solche Gesundheitssystemreform für ALLE von Vorteil, für die Patienten, für die Leistungserbringer und sogar für die Krankenkassen.

Es bräuchte hierzu aber einen Kraftakt in Politik und Gesellschaft.

Blaupausen mit Blick in die Ferne

Mut macht ein Blick in andere europäische Länder, die partielle Lösungen gefunden haben. In Spanien beispielsweise, das drei Basisunterschiede zum deutschen Gesundheitssystem aufweist, lebt die Vielfalt in der Gestaltung.

Erstens sind dort alle Menschen aus Steuergeldern krankenversichert, jeder kann sich allerdings zusätzlich (die gesetzliche Versicherung bleibt unberührt) für bezahlbare Beiträge (rund ein Zehntel dessen, was wir in Deutschland kennen) privat versichern. Als gesetzlich Versicherter gibt es grundsätzlich keine freie Krankenhauswahl, es sei denn, die lokalen Strukturen erlauben Free Choice (wie z.B. Madrid). Privatversicherte haben freie Wahl, sofern die ausgesuchte Klinik mit der privaten Krankenversicherung zusammenarbeitet.

Zweitens gibt es keine Sektorengrenzen, die Übergänge zwischen ambulant und stationär sind dort fließend.

Ambulante Leistungen werden in den Kliniken erbracht durch Fachärzte als Belegärzte, die sich lokal einmieten.

Drittens sind Finanzierung und Verantwortlichkeiten dezentral fokussiert. Es gibt regulatorische Freiräume der Regionen in der Ausgestaltung und Umsetzung, insbesondere bei den ergänzenden Konzepten wie Outsourcing-Verträgen oder PPP-Modellen (PPP: Public Private Partnership). Dementsprechend gibt es in der Finanzierung lokal unterschiedliche Modelle, beispielswese solche, bei denen ein Anbieter (ein Netzwerk oder eine einzelne Klinik oder eine Gruppe) die gesamte Gesundheitsversorgung für eine räumlich definierte Population übernimmt. Dafür wird dieser Leistungsanbieter jährlich mit einem festen Betrag pro Clusterbewohner (sog. Kopfpauschale) vergütet. Häufig gibt es zusätzlich differenzierte Verträge, mit denen konkrete Leistungen für gesetzlich Versicherte an private Kliniken übertragen werden (Outsourcing). Schließlich gibt es Verträge, die bewusst einen Leistungswettbewerb regional vorsehen, dazu Menschen räumlich einem regionalen Versorgungscluster zuordnen, in dem definierte Leistungsanbieter ambulante und stationäre Versorgung übernehmen. Dies auf der Grundlage von PPP-Modellen, in deren Rahmen die Leistungsanbieter die Infrastruktur neu bauen, dafür wegen der Amortisationszeiträume lange Vertragslaufzeiten erhalten. Manchmal geht am Ende des PPP-Zeitraums das neue Krankenhaus an die öffentliche Hand oder die Vertragspartner einigen sich auf Alternativen. In allen Fällen wird die vertraglich definierte Qualität der erbrachten Leistungen von Leistungsanbietern nach einheitlichen Standards gemessen und veröffentlicht, damit die Menschen lokal die Qualität der Anbieter gut vergleichen können. Als Qualitätskriterien dienen einige medizinische, aber auch serviceorientierte Parameter. Diese sind vertraglich verankert und teilweise vergütungsrelevant.

Alles zusammen führt im Endeffekt beispielsweise dazu, dass in Spanien viel mehr ambulant behandelt wird als in Deutschland. Bemerkenswert ist, dass nach WHO und OECD Spanien in der Versorgungsqualität insgesamt deutlich vor Deutschland liegt. Ähnliches gilt für die Nordländer in Europa, vor allem Norwegen, Finnland und Dänemark. Sie leben von einer auf die jeweilige Population zugeschnittenen Versorgungsstruktur, die aktiv ambulant mit stationär vernetzt und die komplexeren Diagnosen in definierten Zentren oder Spezialkliniken konzentriert. Hinzu kommt jeweils eine hoch entwickelte digitale Verknüpfung.

Diese bekannten Modelle könnten für Deutschland mit den diversen regionalen Bedürfnissen als Blaupause für eine Annäherung an die Zukunft taugen.

Voraussetzung wäre aber, dass der gordische Knoten durchschlagen wird, den wir seit Jahrzehnten mit Nelkenöl beträufeln. Systemisch besteht schon heute ein Weg, der mit integrierten Versorgungsmodellen gangbar wäre. Faktisch ist dieser Weg bis heute nicht von Relevanz. Warum? Weil die von Spitzenverbänden verhandelten Rahmenbedingungen zu starr sind, da „von oben herab“ auf einen Durchschnitt nivellierend. Weil Versorgungsmodelle noch heute davon abhängen, dass die lokal zu vernetzenden Sektoren eine – auch wirtschaftliche – Einigung über das Budget erzielen, das wiederum aus unterschiedlichen Geldtöpfen gespeist wird. Daran scheitert eine breitere Umsetzung agiler Modelle. Dementsprechend müsste der gesetzliche Rahmen in der Gestaltung mit mehr Freiraum versehen werden, in Optionen der lokalen Umsetzung inhaltlich offener, zeitlich stringenter. Wir müssen vom Irrglauben an eine „verordnete Generallösung“ Abschied nehmen.

Hin zu regionalen Versorgungsnetzwerken

Deutschland braucht vor allem inhaltlich eine Abkehr vom Primat der Infrastrukturen, hin zu den agil interagierenden, intelligenten Versorgungsnetzwerken. Die nahe Zukunft des heutigen Gesundheitswesens liegt - auch in Deutschland - in den regional-lokalen Versorgungsnetzwerken, diese jeweils abgestimmt auf den konkreten Bedarf einer definierten regionalen Population.

Die heute bestehende Sektorentrennung zwischen ambulant und stationär wird sukzessive fallen (müssen), ersetzt wird sie durch die aktive Vernetzung von ambulant mit stationär, und das sowohl budgetär als auch organisatorisch wie medizinisch.

Vereinzelt gibt es bemerkenswert gute Beispiele. Vernachlässigbar bislang in ihrer Wirkung und ein Ergebnis eher von Zufälligkeiten, weil Menschen lokal gut miteinander konnten und die Menschen bei der Umsetzung sorgfältig mitnahmen. Ein frühes Beispiel ist das so beworbene „gesunde Kinzigtal". Dort ist es tatsächlich gelungen, Versorgungskonzepte über die Sektorengrenzen hinweg so zu gestalten, dass sich die Menschen in der Region gut versorgt fühlen und die vorhandenen Ressourcen dort eingesetzt werden, wo diese am meisten Wert stiften. Zeitweise gab es Kollegen, die sich daran machen wollten, solche Konzepte sofort auszurollen. Wir wollten unseren Teil dazu beitragen und nahmen deswegen das Gespräch mit den Krankenkassen zu regionalen Versorgungsnetzwerken auf.

Ich erinnere mich an sehr erhellende Sitzungen beim AOK-Bundesverband in Berlin, die schließlich dabei halfen, zu verstehen, wie die föderale Struktur der AOK in Deutschland funktioniert. Was mit ihr funktioniert und was nicht. Es gab innovationsfreudige Gesprächspartner auf Vorstandsebene, einen fachlich versierten Stab an Abteilungen. Auffällig war, dass diese sich jedoch oft intern zerstritten, da aus unterschiedlichen AOK-Lagern kommend.

Trotzdem gelang es, mit der AOK konstruktiv zusammenzuarbeiten. Wir setzten schon sehr frühzeitig mit dem Wissenschaftlichen Institut der AOK den Nukleus für eine Qualitätskontrolle über die stationär-ambulanten Sektorengrenzen hinaus. Mit dem sogenannten QSR-Projekt brachten wir die Daten aus den Krankenhausbehandlungen zusammen mit den korrespondierenden Gesamtdaten der AOK. Wir konnten gemeinsam erstmals die Qualität der konkret erbrachten Behandlungen über den Krankenhausaufenthalt hinaus weiter nachverfolgen. Eine Voraussetzung, damit das Healthcare Outcome sektorenübergreifend evaluiert werden kann.

Das „QSR" stand für „Qualitätssicherung mit Routinedaten", denn wir waren gemeinsam mit der AOK der Auffassung, dass eine Qualitätssicherung unter Verwendung der Routinedaten notwendig und evident möglich ist. Das Projekt war der Schlüssel dafür, dass damals überhaupt etwas passierte. Auf dieser Grundlage habe ich mit fünf Chefs anderer Trägergruppen im Jahr 2008 schließlich die Initiative Qualitätsmedizin (IQM) gegründet. Ansonsten scheitern bis heute die (auch gesetzlichen) Bemühungen zur Messung von Qualitätsergebnissen an einem kontroversen Streit der medizinischen Fachgesellschaften (flankiert von Datenschützern) über die Frage, welche Daten in welcher Qualität valide Aussagen über die Ergebnisse einer medizinischen Leistung bringen. Viele Akteure wehren sich erfolgreich gegen eine qualitätsorientierte Vergütung, bezeichnen die einzufordernde Qualitätstransparenz sogar als „irreführend" für Patienten.

Aus dem gemeinsamen QSR-Projekt sind später die „AOK-Bäumchen", eine Bewertung der Krankenhausqualitäten in

Deutschland durch die AOK, und schließlich der „AOK-Navigator“ entstanden. Stolz auf dieses Projekt blickend, saßen wir 2014 in Berlin bei den Hackeschen Höfen, am Sitz des AOK-Bundesverbandes. Wir diskutierten, ob und wie sich integrierte Versorgungsmodelle besser begleiten ließen. In Arbeitsgruppen kamen wir zunächst gut voran, bemerkten aber sukzessive immer mehr Zögerlichkeiten, seitens der AOK-Kollegen mit der föderalen AOK-Struktur begründet. Auch wurde uns klargemacht, dass eine bundesweite Vereinbarung hierzu praktisch undenkbar wäre. Der AOK-Bundesvorstand empfahl mir zunächst Gespräche mit den AOK-Chefs auf den Länderebenen. Diese hätten auch Ideen zum Thema. In der Tat gab es vereinzelt Modelle von Landes-AOKs, sehr aktiv erschien uns Baden-Württemberg und auch Berlin-Brandenburg schien offen. Nennenswertes geschah am Ende aber nicht.

Regulatorisch domestizierte Krankenkassen

Wir stellten ernüchtert fest, warum nichts aus unseren Ideen wurde:

- Die Kassen taten sich schwer, einen bundesweit einheitlichen Ansatz zu entwickeln.
- Die Kassen selbst sahen keine eigene Steuerungsoption nach Qualität.
- Die Kassen selbst sahen keine effektive Durchsetzungsoption.
- Die Kassen fürchteten die interne und fachliche Auseinandersetzung.

Die sinnvolle technische Bündelung der gesetzlichen Aufgaben im GKV-Spitzenverband ab Juli 2008 brachte im Wirkungsgrad der Institutionen keine großen praktischen Fortschritte. Die größte innovative Bewegung kam über die Definition von strukturellen Qualitätsparametern seitens des Gemeinsamen Bundesausschusses. Wir hatten bei IQM-Kongressen häufiger das Vergnügen, den langjährigen Vorsitzenden des Gemeinsamen Bundesausschusses als Vortragenden zu hören. Josef Hecken pflegte stets offene und ehrliche Worte. Reflektierte regelmäßig über die zu geringe Qualitätstransparenz und Qualitätssicherung im deutschen Gesundheitswesen. Er gab offen zu, dass sich die Institutionen der Selbstverwaltung selbst durch inhärente Interessenkonflikte blockierten.

Innovation bleibt daher auch künftig ein konfliktäres Fremdwort. Heutzutage gibt es vereinzelte Projekte von Krankenhausgruppen mit innovativen Ersatzkassen. Diese decken interessante Teilbereiche ab wie etwa den der Endoprothetik. Sie erlauben jedoch noch lange keine integrierte, ergebnisorientierte Qualitätssicherung und sie schaffen keine Basis für eine breitere Qualitätsverankerung im DRG-System.

Es bleibt dabei: Insgesamt haben sich die Krankenkassen mit ihrem Konzept kooperativer Selbstverwaltung bislang für eine echte Transformation nicht wirklich bewährt. Es wurde zwar – so die Darstellung in einer Broschüre der AOK beispielsweise – „aus Solidarität geboren" als „die weltweit erste gesetzliche Sozialversicherung". In der Praxis käme es heutzutage auf eine durchsetzungsstarke Organisationsform an. Dazu müssten die institutionalisierten Blockadestrukturen erst beendet werden. Das Dilemma liegt einerseits in häufig unüberbrückbaren Interessenkonflikten innerhalb der Selbstverwaltungsorgane, andererseits in einer unerklärlichen Diffusion der Verantwortlichkeiten. Das ganze Problem beginnt aber schon an anderer Stelle mit der Aufteilung der Finanzierungsaufgaben zwischen dem Bund und den Bundesländern. Bis heute erleben wir von beiden Seiten unverantwortliche Schwarze-Peter-Spiele.

Selbstverwaltung und Finanzierung müssen auf neue Beine gestellt, entflochten und durchsetzungsstark werden. Nur so wird es künftig regionale Budgets geben können für die Gesundheitsversorgung einer räumlich und medizinisch definierten Population, egal ob ambulant oder stationär erbracht, egal ob in Praxen, MVZ, Gesundheitszentren oder Krankenhäusern behandelt. Fallen müssen wird die duale Finanzierung, die sich heute praktisch überlebt hat, weil die Bundesländer ihren Part zur Finanzierung der infrastrukturellen Investitionsmittel seit Jahrzehnten vernachlässigen.

Es wird Zeit für eine ehrliche Systemreform

Es muss ein neuer gesetzlicher Rahmen beschlossen und die Verantwortlichkeiten müssen neu geordnet werden. Und es müssen operative Durchsetzungsoptionen für die Umsetzung lokal delegiert werden an die Institutionen, die das Geld im Gesundheitswesen verwalten und darauf achten müssen, dass so wenig wie möglich verschwendet wird. Es liegt nahe, insoweit heute noch primär an die Krankenkassen zu denken. Diese sind ihrerseits aber selbst noch ein großes Stück entfernt von einer effektiven Organisation, es gibt immer noch insgesamt zu viele davon.

Wenn die Krankenkassen sich in der Lage zeigten, ihr eigenes Haus insgesamt neu zu organisieren, dann wären sie – selbst föderal und regional vernetzt – ideal als Ansprechpartner und Koordinatoren für diese neu adaptierten Delegationsaufgabe. Anderenfalls wäre die künftige Steuerungsfunktion – ggf. auch übergangsweise – zu übergeben an Gliederungen der Gebietskörperschaften. Diese wieder würden begleitet durch lokale Partner, die sich zu einem regionalen Cluster verbinden.

Diese Cluster könnten sich als regionale Kooperationen bilden, von Gemeinden oder Landkreisen gegründet in Form von staatlichen oder staatlich getragenen oder auch privatrechtsförmigen Gesundheitsholdings, diese ihrerseits durch neue regulatorische Freiräume ausgestattet mit den Verantwortlichkeiten für die Organisation von konkret definierten lokalen Versorgungsclustern. Die heutige Krankenhausplanung (derzeit Länderaufgabe) würde sich qualitativ verändern.

Die Bundesländer würden definieren, welche Gesundheitseinrichtungen nach welchen Kriterien im Plan bleiben können und welche künftig aus den Versorgungsstrukturen ausscheiden. Sie würden die Rahmenbedingungen und die Freiräume für das Leistungsportfolio nach regionaler Population setzen, orientiert an der Frage: Was brauchen die Menschen vor Ort? Eine Orientierung an stationären und ambulanten Strukturen wäre dann nicht mehr so wichtig. Die Kriterien müssten sich am Bedarf und an Qualitätsergebnissen orientieren, auch um Rechtssicherheit zu schaffen.

Ferner bräuchte es gesetzliche Rahmenvorgaben zur Definition der künftigen Aufgaben und Verantwortlichkeiten von lokal-regionalen Versorgungsclustern und die Festlegung der regulatorischen Spielregeln für Versorgungsnetzwerke inklusive der Finanzierungsregeln.

Festzulegen wäre künftig vom Bund und den Bundesländern gemeinsam, in welchem Umfang die nötigen Budgets aus deren Haushalten oder den Versichertengeldern bezahlt werden sollten und wer diese Budgets jeweils verwaltet. Der Rest wäre zu delegieren an Gebietskörperschaften oder deren neue Versorgungscluster.

Die Leistungsanbieter wären Dienstleister, die sich in den Versorgungsclustern zusammenfinden und dafür bewerben müssten. Den Zuschlag erhielte das Versorgungsnetzwerk, das am besten in der Lage ist, die Versorgung der definierten Population bei nachweislich hoher Qualität mit den verfügbaren Ressourcen sicherzustellen. Die Rolle der Krankenkassen würde hierbei qualitativ neu definiert. Sie wären Garanten der Interessen der Versichertengemeinschaft und könnten wesentliche Kontrollaufgaben bei der Leistungsvergabe und zur Qualitätssicherung erfüllen.

Alles Humbug, werden einige Akteure nun ausrufen. Mit Selbstreflexion, Ehrlichkeit und Transparenz wäre es aber möglich. Wir alle haben eine gute Chance, für die Menschen eine barrierefreie, qualitativ gute und bezahlbare Versorgung zu ermöglichen. Vernetzt organisiert. Wenn wir es wirklich wollen.

Episode #2
Wo Geld fließt, da ist auch ein Wille

Blicken wir zurück ins Jahr 2012. Es ist Herbst, genauer gesagt November, in Berlin halten wir die Tagung der Führungskräfte bei Helios ab. Eine jährlich wiederkehrende Gelegenheit, zu erklären, wohin die Reise aus meiner Sicht als CEO des Unternehmens geht. Eine noch bessere Gelegenheit aber, in das Unternehmen hineinzuhören, zu verstehen, wie der Laden wirklich läuft. Und darüber zu diskutieren, wie wir das Unternehmen im Marktumfeld platzieren.

Die zentrale Frage, die über allem schwebt:

Wie schaffen wir es, in der Medizin und der Pflege eine nachweislich hohe Qualität anzubieten und gleichzeitig attraktive Gewinne zu erzielen?

Dabei gilt seit Unternehmensgründung, dass wir Qualität und Wirtschaftlichkeit nicht als Gegensatz begreifen, sondern als sich wechselseitig bedingende Parameter. Wer auf Qualität achtet, so der Grundsatz, der wird bessere Arbeitsabläufe und damit bessere Infrastrukturen und Wirtschaftlichkeit erreichen. Menschen sollen aus Überzeugung zu uns kommen. Wer mit dem Richtigen beginnt, dem Blick auf Qualität, der wird die Patienten für sich gewinnen. Und damit die Basis legen für einen Vorsprung im Wettbewerb. Dieser Vorsprung wiederum erlaubt Investitionen, um diesen Vorsprung weiter auszubauen. Ausgangsbasis dieser Überlegung ist daher die Anzahl der Patienten. Und die Komplexität der für sie nötigen Behandlungen.

Fälle, Fälle, Fälle!

Konkret hinterfragen wir in diesem Jahr 2012 das für die gesamte Gruppe als Motivation ausgegebene Motto „Fälle, Fälle, Fälle". An sich sind Fälle eine Selbstverständlichkeit, denn die Krankenhäuser sind dazu da, um Patienten zu behandeln, je mehr - sollte man meinen -, desto besser für alle. Wenn da nicht die unbestreitbare Tatsache wäre, dass in Deutschland zu viele Menschen stationär behandelt werden. Seit Jahren ist in Deutschland von „unnötig vielen" Operationen die Rede. Eine Erkenntnis, die für alle deutschen Krankenhäuser gilt. Schon damals keine ganz neue Erkenntnis. Bereits vor der DRG-Reform hatte der Gründer von Helios ausrechnen lassen, wie viel Lebenszeit den Menschen durch unnötige Krankenhaustage genommen wird, er sprach dabei von systematischer Freiheitsberaubung. Deswegen habe ich bei und mit Gründung der Initiative Qualitätsmedizin angeregt, die Frage nach der Ergebnisqualität sowie die nach der Evidenz von Indikationen mit Versorgungsdaten und Peer-Reviews zu untersuchen. Es gab dazu auch viele Aktivitäten der medizinischen Fachgesellschaften. Das aus den USA importierte „Choosing Wisely" (Klug entscheiden) machte nun Schule, also die Aufforderung an Ärzte, sich genau zu überlegen, was medizinisch notwendig ist und was nicht.

Separierte Budgets mit fehlerhafter Allokation

Dieses „Klug entscheiden" als Systemkultur ist trotz des ethischen Anspruchs ärztlicher Tätigkeiten bis heute leider keine Selbstverständlichkeit. Geändert hat sich bis heute wenig, jedenfalls nicht genug. Das wissen die Manager. Das wissen die Krankenkassen, die Politiker, die Verbände, die Ärzte. In Deutschland wird so viel geröntgt wie sonst nirgendwo. Es wird gern mit Medikamenten und stationär interveniert, anstatt die

Patienten dabei zu unterstützen, gesünder zu leben. Es bleibt einfacher, die Patienten mit einem Zettel zur Überweisung für eine Operation zufriedenzustellen als sie auf einem langen Weg der konservativen Therapie zu begleiten, der den niedergelassenen Ärzten zudem nicht gut bezahlt wird. Geld spielt im Gesundheitssystem eine wesentliche Rolle. Akteure lassen sich in ihren Entscheidungen vom Geld leiten. Menschen, auch die Patienten selbst, unterscheiden in diesem System danach, was bezahlt wird und was nicht. Wir lernen daraus: Das Verhalten von Institutionen und Menschen folgt maßgeblich den Geldströmen.

Die nackten Zahlen: Für das Jahr 2022 bewegten sich die Gesundheitsausgaben in Deutschland laut Statistischem Bundesamt bei knapp 500 Milliarden Euro. Deutschland ist damit bei den Ausgaben für Gesundheit unter den Top 5 der OECD-Staaten, dies sowohl beim Anteil am Bruttoinlandsprodukt (> 11%) als auch bei den Pro-Kopf-Ausgaben (> 5500 Euro). Bis 2030 wird der Anteil der Ausgaben für Gesundheit mehr als 12% des deutschen Bruttoinlandsprodukts verbrauchen. Den größten Teil nimmt das öffentlich finanzierte Leistungspaket für Gesundheit ein, das zu mehr als 80% von gesetzlichen Versichertensystemen und vom Staat getragen wird.

Diesem hohen Mitteleinsatz steht ein bescheidenes Ergebnis bei den „Health Outcomes" gegenüber. Die Lebenserwartung und die Quote vermeidbarer Sterbefälle sind schlechter als die in anderen westeuropäischen Staaten. Die chronischen Erkrankungen steigen, es fehlt in Deutschland an ambulanten und präventiven Behandlungskonzepten, wie andere Nationen mit besseren Ergebnissen nachweislich zeigen. Ungesunde Lebensstile sind in Deutschland noch zu weit verbreitet, die Deutschen trinken zu viel Alkohol, sind übergewichtiger und sie rauchen mehr im OECD-Vergleich. Das alles mag auch kulturelle Gründe haben oder mit Tradition, Prägung und Demografie zu tun haben. Ich bin aber der Auffassung, dass unser Gesundheitswesen Fehlanreize setzt, das magere Ergebnis im Health Outcome zu einem wesentlichen Teil also dadurch bestimmt wird, dass das Geld im deutschen Gesundheitswesen nicht so ausgegeben wird, damit es den Menschen den größten Nutzen stiftet.

Folge dem Geld!

So bringt es die schwäbische Landrätin im Herbst 2023 bei der Diskussion zu einem internationalen Hochschulprojekt, an der ich teilnehmen darf, kurz und knapp auf den Punkt. Man pflegt eine klare und robuste Sprache auf der Schwäbischen Alb, in der Heimat meiner Kindheit und Jugend. Wo man von klein auf zum Sparen erzogen wird, quasi als Lebensprinzip, genauso wie das bekannte „Schaffe, schaffe, Häusle baue", ausgesprochen im für Außenstehende etwas absonderlich klingenden schwäbischen Dialekt. Auf der Schwäbischen Alb schmerzt es die Menschen ganz besonders, wenn schwer verdientes Geld „verschwendet" wird wie im deutschen Gesundheitswesen.

Es ist frustrierend, wenn immer wieder dieselben Klänge der Gebetsmühlen der Bestandswahrer zu hören sind. Es gehe schließlich um die Menschen, wird da erzählt. Es geht ums Geld, so lautet die Wahrheit. Denn Aktivitäten folgen dem Geld. Geld gibt es nur dann, wenn man Patienten in einer bestimmten Weise in einem bestimmten Umfeld behandelt. Je mehr davon, desto mehr Erlöse. Dies gilt für Krankenhäuser im Prinzip genauso wie für niedergelassene Ärzte, unabhängig von der Qualität. Es gilt diese einfache Formel im deutschen Gesundheitswesen: Nur wer häufig hoch bezahlte Fälle macht, der verdient ordentlich Geld und wird auch bei hohen Fixkosten überleben. Und wer über die vorab verhandelten Budgets hinaus behandelt, bekommt noch was „on top". Sofern und sobald Budgetdeckel gelten, werden diese klug ausgehebelt.

Warum das so ist, muss man nicht lange erklären. Interessanter sind die Begründungen, warum das weiter so bleiben sollte. Ein Argument: Es bedient die Gewohnheiten der Menschen. Warum also etwas ändern?

Für die Menschen in Deutschland genießt die Institution Krankenhaus tatsächlich nach wie vor große Bedeutung als Anlaufstelle für Gesundheitsfragen. Wenn davon in jeder Kleinstadt mindestens eines steht, dann gibt das den Menschen ein Gefühl von Sicherheit, gesundheitlicher Geborgenheit. Das offenbart sich für viele exakt am Wochenende. Denn in Krankenhäusern gibt es immer geöffnete Notaufnahmen, wenn auch mit (zu) langen Wartezeiten. Sicher ist sicher! Wer kann es den Menschen verdenken, dass sie im Notfall deshalb die über Jahrzehnte verlässlichste Anlaufstelle aufsuchen, nämlich das Krankenhaus?

Diese Prägung der Menschen wurde (und wird) begleitet durch Geldströme. In Deutschland wird die Behandlung im Krankenhaus gut bezahlt, früher nach Liegetagen im Krankenhausbett, weshalb wir Verweildauern von über 14 Tagen hatten. Das alles geschah mit Zustimmung der Patienten, war wirtschaftlich und medizinisch kontraproduktiv. Seit 2004 mit den noch gut auskömmlichen DRG-Fallpauschalen ging die Verweildauer sukzessive nach unten, sie liegt mittlerweile bei sieben Tagen im Bundesdurchschnitt, in Spanien und Frankreich bei nur vier Tagen, wir hatten bei Helios sechs. Zu dieser Entwicklung kam es, weil im DRG-Fallpauschalensystem die längere Liegedauer nicht zusätzlich bezahlt wird, im Gegenteil, je länger Patienten im Krankenhaus verweilen, desto weniger bleibt von der DRG-Fallpauschale übrig. Schon wurde deshalb die Frage geäußert, ob Patienten nun „blutig“, also zu früh, entlassen würden.

Eine Frage des Geldes: ambulant oder stationär?

Behandlungen im Krankenhaus werden in Deutschland deutlich höher vergütet als im ambulanten Bereich. Das wird offensichtlich für komplett vergleichbare Leistungen wie Operationen, die medizinisch sowohl ambulant als auch stationär erbracht werden können. Das Vergütungsniveau zwischen einer OP im Krankenhaus und einem ambulanten Eingriff unterscheidet sich in der Regel um den Faktor 3. Der ambulante Operateur bekommt also nur ein Drittel des Geldes oder müsste dreimal so schnell und viel operieren, damit er auf das gleiche Geld kommt, bei regelmäßig gleicher Qualität, sprich vergleichbar gutem medizinischen Ergebnis des Eingriffs. Sofern diese Operationen im Krankenhaus erbracht und nicht gesetzlich zwingend in einem Katalog für ambulantes Operieren aufgeführt werden, erfolgt die Abrechnung weiterhin nach den höheren Krankenhaussätzen. Es gab immer ausufernde Diskussionen darüber, was konkret in den Katalog ambulanter Operationen hineingehört und was warum (noch) nicht. Die Auseinandersetzung gilt dabei, wen wundert es, insgeheim natürlich dem Geld und nur zu einem Teil den Fragen der Medizin. Der Kampf der Sektoren ist vom Geld getriggert, Spielball sind die Menschen, um deren Behandlung und Gesundheit es geht. Die Verteilungskämpfe werden zwar mit medizinischen Argumenten flankiert. Jeder hat seine Fachexperten, die Fachgesellschaften bedienen Dispute mit entsprechenden Empfehlungen, häufig illustriert durch Studien. Im Grunde geht es dabei aber um folgende Fragen:

- Aus welchem Budget wird diese oder jene Leistung künftig vergütet?
- In welcher Höhe?
- Wer darf/soll diese Leistung erbringen? Zur Auswahl stehen Krankenhäuser oder die niedergelassenen Ärzte.

Diese Dispute führen die Menschen in die Irre. Meiner Meinung nach bedeuten fixe Sektorengrenzen höhere Sterblichkeit und geringere Lebenserwartung. Weil das System nicht Medizin im Sinne der Menschen bedient, sondern weil es im Sinne des Geldes und der Infrastruktur genutzt wird, oft um Bestehendes zu sichern. Durchlässige Sektorengrenzen tragen nachweislich zum Gegenteil bei, insbesondere weil es viel weniger Informationsverluste und kürzere Warteschleifen gibt, Krankheiten deswegen besser erkannt und effektiver behandelt werden können.

Trotz aller Bemühungen und der Einführung des DRG-Systems hat sich am oben beschriebenen Zustand, abgesehen von den kürzeren Verweildauern und einigen ambulanten OP-Katalogen, wenig zum Besseren geändert. Es wird um die Formulierungen der Kataloge und deren Vergütungsregelungen gerungen. Die Krankenhäuser wollen wenig bis nichts abgeben oder nur, wenn sie selbst Leistungen im ambulanten Setting teuer erbringen dürfen. Die Kassenärztlichen Vereinigungen sind bestrebt, den Drang der Krankenhäuser in den ambulanten Bereich zu beschränken und diesen der eigenen Klientel vorzubehalten. Beide Spitzenverbände versuchen sich heutzutage an sogenannten „Hybrid-DRG“, damit sollen rund 200.000 bislang vollstationäre Fälle „ambulantisiert“ werden. Karl Lauterbach nennt das in seiner Verordnung eine „spezielle sektorengleiche Vergütung“. Für mich ist das der untaugliche Versuch einer intellektuellen Zangengeburt, um möglichst wenig vom eigentlichen Problem lösen zu müssen. Es geht um Macht und Geld. Es geht um die Sektorengrenzen und die jeweils eigenen Opportunitäten in Euro. Aus diesem Grund konnten effizientere Komponenten im digitalen Bereich wie die Möglichkeiten für Telemedizin und E-Rezepte in Deutschland sehr lange kaum genutzt werden. Hinzu kommt, dass die niedergelassenen Ärzte auf mehr Fälle gar nicht vorbereitet sind, zumal das ambulante Budget sparsam gedeckelt bleiben soll. Die Krankenkassen wiederum scheuen eine Entscheidung, sie sitzen zwischen den Stühlen. Die Selbstverwaltungsorgane tun, was ihr Name sagt: Sie verwalten sich selbst. Und ihre Geldtöpfe. Es gilt auch da: Folge dem Geld!

Geld ist da, aber nicht da, wo es sein sollte

Um diesen Mechanismus richtig zu verstehen, muss man sich anschauen, wie das Geld im deutschen Gesundheitswesen verwaltet und ausgegeben wird. Im Wesentlichen sprechen wir von sechs Kostenträgern, wenn man die separaten Ausgaben der Arbeitgeber und privaten Haushalte außer Betracht lässt. Da wären die öffentlichen Haushalte (Sozialhilfeträger, Fördermittel bei Investitionen, Sonderhilfen), die gesetzliche Krankenversicherung, die soziale Pflegeversicherung, die gesetzliche Rentenversicherung, die gesetzliche Unfallversicherung und die private Krankenversicherung. Alle tun ihr Bestes. Aber leider nicht zusammen für ein gemeinsames Ziel, sondern jeder für sich.

Die Träger der Rentenversicherungen wollen das Standbein der Rehabilitation dauerhaft erhalten und sie leben in der Sorge, dass Teile davon medizinisch hinterfragt werden könnten. Nicht ganz ohne Grund, insbesondere weil es die Rehabilitation deutscher Prägung in anderen europäischen Ländern bei insgesamt dennoch besserem Health Outcome gar nicht gibt. In Teilbereichen entwickelt sich die Rehabilitation in eine hybride Struktur, je nach Indikation eine Kombination von stationärer (campusartig mit Akutkliniken ausgebaut) und tagesklinischer Versorgung, ergänzt um Angebote der ambulant-digitalen Rehabilitation. Die Rentenversicherung hat allerdings auch eigene stationäre Rehabilitationseinrichtungen, deren Bestand insgeheim gesichert werden soll.

Die gesetzliche Unfallversicherung hat mit den BG-Kliniken ebenfalls eigene Krankenhausstrukturen. Als ein Spezialanbieter für die Behandlung von Unfallverletzungen sind die BG-Kliniken in Deutschland nicht wegzudenken, ordentlich finanziert aus den Beiträgen der Arbeitgeber zur Unfallversicherung. Daran ändert auch die Gesundheitsreform 2023 nichts.

Dann haben wir noch die gesetzliche Krankenversicherung. Sie hütet und verwaltet den bedeutsamsten Geldtopf, trägt mehr als die Hälfte aller Gesundheitsausgaben in Deutschland. Sie wird zudem finanziell in Beschlag genommen, wenn es gilt, (ad hoc) Geld für allgemeine Budgetlücken einzusammeln, zuletzt im Kontext der Pandemie. Historisch ist die gesetzliche Krankenversicherung – in ihrer Organisation paritätisch selbstverwaltet – nur begrenzt gestaltungsfähig und wenig umsetzungsstark. Daher bestehen bis heute konstant die Mauern zwischen ambulanten und stationären Bereichen in der gesetzlichen Krankenversicherung, es gibt institutionalisierte Grabenkämpfe zwischen den Kassenärztlichen Vereinigungen (KV) und der Deutschen Krankenhausgesellschaft (DKG) einerseits, schließlich von KV und DKG mit Krankenkassen andererseits.

Die privaten Krankenversicherungen sind in Deutschland zwar nicht unbedeutend, werden indes sporadisch hinterfragt, vor allem bezüglich der Vollversicherten und im

Kontext der gesellschaftlichen Frage, ob die deutschen Beamten und selbständigen Unternehmer außerhalb oder innerhalb der gesetzlichen Versicherungstarife versichert werden sollen. Die privaten Krankenversicherungen mussten es in Deutschland zulassen, dass die gleiche medizinische Leistung im ambulanten Bereich für den privat Versicherten ein Vielfaches des gesetzlichen Satzes kostet. Im stationären Bereich wurde die Bremse gezogen und auf Veranlassung der privaten Krankenkassen eine als „Lex Helios" bekannte „Preisangleichung" im Krankenhausentgeltgesetz verankert. Während es den privaten Krankenversicherungen darum geht, ein optimales Verhältnis zwischen vereinnahmten Beiträgen von möglichst vielen Beitragszahlern einerseits und zu erstattenden Kosten andererseits zu erreichen, geht es den Leistungserbringern darum, von den Kassen möglichst hoch vergütet zu werden und dabei die Kosten niedrig zu halten. Die Perspektiven sind verschieden, das Ziel ist dasselbe: Erlöspotenziale sichern und die eigenen Gewinnmargen steigern.

Schließlich das jüngste Kind, die soziale Pflegeversicherung. Sie verfügt über ein hohes Budget, ist dennoch unterfinanziert angesichts des steigenden Bedarfs. Das Bild ließe sich wie im Puzzle beliebig weiter zusammensetzen. Es zeigt nicht nur die Komplexität des deutschen Gesundheitssystems, sondern es macht deutlich, warum innerhalb dieses Systems eine Transformation „von oben" über Spitzenverbände und Institutionen auch in Zukunft erfolglos bleiben wird. Für die Akteure ist die Komplexität ein einträgliches Spielfeld. Wer das Spiel beherrscht, gewinnt. Wer es besser beherrscht, gewinnt mehr. Wenn sich etwas ändern soll, so auch die Landrätin von der Schwäbischen Alb zutreffend, dann vermutlich nur disruptiv.

Zur Illustration drei Beispiele, um die dysfunktionalen Brüche im System besser zu veranschaulichen. Ich blicke mit

Ihnen auf das Ende des Lebens, also auf die Versorgung von kranken alten Menschen, und danach auf den Beginn des Lebens, auf die Kindermedizin. Als Startpunkt nehmen wir aber ein Ereignis, das die Ineffizienzen und die Bedeutung des vom Staat bereitgestellten Geldes für die medizinische Leistungserbringung besonders eindrücklich vor Augen geführt hat und uns allen noch in frischer Erinnerung ist: die Coronapandemie.

In pandemischen Warteschleifen

Zu Beginn der Pandemie wurde deutlich, dass die diversen Strukturen im deutschen Gesundheitswesen reflexartig agieren. Auch da galt, dass jeder zunächst auf seinen Geldtopf achtete, wenn es Aufgaben zu verteilen gab. Das galt im Verhältnis zwischen Bund und Ländern, bei dem man entlang der Sitzung des Coronakabinetts mit den Ministerpräsidenten das Gezerre um die richtigen Strategien und deren Realisierung durch die Bereitstellung von Geldmitteln verfolgen konnte. Wir hatten als Unternehmen damals ebenfalls regelmäßige Sitzungen eines internen Coronastabes. In einer dieser Sitzungen berichtete unser Chefapotheker über die Einlagerung von Chargen des ersten Impfstoffes in dafür geeigneten Thüringer Kliniken. Dort lagerte der Impfstoff nun und alle warteten auf dessen Freigabe zum Impfen. Es gab schon Gefährdungsanalysen, die nahelegten, zunächst die Menschen in den Alten- und Pflegeheimen zu impfen. Und um die permanente Handlungsfähigkeit der Krankenhäuser zu sichern, standen die Beschäftigten in den Kliniken auch ganz oben auf der Liste. Wir boten uns aktiv an, die Menschen in Alten- und Pflegeheimen mit ersten Chargen zu impfen, unentgeltlich mit unseren Ärzten. Das wurde abgelehnt, weil dies eine sektorale Aufgabe der niedergelassenen Kollegen sei, die dafür vergütet würden. Man wolle keinen Streit, wolle auch keine Auseinandersetzung. Lasst dem ambulanten Bereich die Zeit, die organisatorisch benötigt wird, lautete das Motto. Das Ergebnis dieser Sicht: Das Impfen begann um Wochen verzögert. Menschen mussten in pandemischen Warteschleifen verharren – und für manche kam die Impfung deshalb zu spät.

Alte Menschen auf dem Abstellgleis

Mein Vater starb 2001 nach zweijährigem Kampf mit seinem Hirntumor in einem einer Altenpflege angegliederten Hospiz. Bis dahin hatte er einen chirurgischen Eingriff und Bestrahlungen hinter sich gebracht, auf die Chemotherapie hatte er verzichtet. Wegen Orientierungslosigkeit und bald zu erwartendem Lebensende verbrachte er seine letzten Wochen in einem stationären Pflegeheim. Bezahlt wird die Altenpflege in Deutschland entweder von der Pflegeversicherung, ergänzt manchmal um Zahlungen der Familie, oder vom Sozialhilfeträger (soweit andere nicht aufkommen können). In der gesamten Altenpflege ist das Budget nicht üppig, nicht wirklich auskömmlich.

Natürlich gibt es betreutes Wohnen und es gibt schmucke Seniorenheime. Das sind aber schlicht die Fluchten am Lebensende derjenigen, die im Alter über ein angespartes Vermögen verfügen, das dafür eingesetzt wird. Das Bild in der Altenpflege wird bestimmt von Menschen, die sich nicht mehr selbst versorgen können und am Ende ihres Lebens täglich Pflege brauchen. Diese erfolgt stationär oder ambulant, wobei in den letzten Monaten des Lebens die stationäre Altenpflege zunimmt, bis hin zur palliativen Begleitung in den Tod.

Wir hatten bei Helios einige wenige Altenpflegeheime. Wir haben sie 2018 aus strategischen Gründen verkauft. Die Altenpflege gleicht heute in vielen Einrichtungen einer

„Verwahranstalt", an die alte Menschen in unserer Gesellschaft von den überforderten Angehörigen „abgegeben" werden. Das ist leider so, obwohl sich die Pflegenden jeweils vor Ort um einen menschlicheren Umgang bemühen. Das Bemühen scheitert regelmäßig am (zu) kleinen Budget für die Altenpflege. Ich habe oft betont, dass wir uns als Gesellschaft beim Umgang mit alten Menschen in der Pflege nicht vorbildlich verhalten. Wir nehmen das in Kauf, weil vermeintlich kein Geld für mehr da ist. Die bedauernswerten Zustände bestimmen nur selten die Schlagzeilen. Es gibt für diese Menschen keine Lobby mehr, die Gesellschaft scheint abgestumpft. Ich schäme mich für unseren gesellschaftlichen Umgang mit den alten Menschen in der Pflege.

Wer bereit ist, genau hinzuschauen, erkennt: Es bleibt die Entscheidung jeder Gesellschaft, wie gut sie alte Menschen pflegt. Wenn wir Geldtöpfe anders verteilten, könnten wir allen ein würdigeres letztes Kapitel ihres Lebens ermöglichen.

Kinder und Eltern ohne Lobby

Kinderärzte gibt es in Deutschland (zu) wenig. So jedenfalls die Wahrnehmung vieler Eltern, wenn sie sich um einen Termin für ihr krankes Kind bemühen.

Aber das ist nicht der einzige Grund dafür, dass die Versorgung von Kindern in Deutschland schlecht funktioniert. Sie ist im Detail geprägt von komplexen Vorschriften über verschiedene Sozialgesetzbücher hinweg. Neben den niedergelassenen Kinderärzten (ambulant) und den Kinderkliniken (stationär) gibt es für komplexe Behandlungssituationen hoch entwickelte und in verschiedenen Niveaus (Level) spezialisierte Zentren. Für diese gelten enge Strukturvorgaben und hohe Anforderungen an die technische und personelle Ausstattung.

Der Status solcher Zentren ist in der Regel heftig umkämpft, da ordentlich bezahlt.

Daneben gibt es tagesklinische Einrichtungen für Kinder und sozialpädiatrische Zentren. Beide bieten im Prinzip ideale Settings zur Behandlung von Kindern. Sie sind aber sehr personalintensiv und deswegen teuer. Und sie können ausschließlich nach Vereinbarung der lokalen Akteure mit den Krankenkassen etabliert und betrieben werden. Die Akkreditierungen sind begehrt, denn sie ermöglichen eine gesonderte Abrechnung personalintensiver Strukturen.

Gut für die Kinder. Aber schlecht für die Geldtöpfe der Krankenkassen, weil angesiedelt im finanziellen „Nirgendwo" als Grenzgänger zwischen ambulanter und stationärer Versorgung. Eine Grenze, die nur deshalb existiert, weil wir sie in Deutschland so gezogen haben. Der Geldtöpfe wegen. Diese Grenzen sind historisch und künstlich wie die Mauer früher zwischen Ost und West. Gezogen von Funktionären. Was es bräuchte, wären Budgets für eine sektorenübergreifende Versorgung von Kindern. Doch dafür mangelt es an Mut und an politischem Gestaltungswillen.

Tatsächlich leidet die allgemeine Kindermedizin in Deutschland, weil die Vergütung schlecht verteilt wird und häufig nicht reicht, um die Fixkosten zu decken. Mögen budgetäre Vorstellungen mancher Kinderärzte überzogen sein, weil weder medizinisch evident noch notwendig, bleibt dennoch unbestritten ein Defizit, das eine verbesserte Kinderversorgung erschwert. Hinzu kommen unklare oder insgesamt schlecht verbundene Schnittstellen zwischen der ambulanten und stationären Versorgung. Die Akteure zielen in vielen Fällen darauf ab, eine Vereinbarung mit den Krankenkassen über die Bildung eines sozialpädiatrischen Zentrums oder für mehr tagesklinische Plätze zu erreichen. Ob und wie das gelingt, hängt von der Agilität der Akteure vor Ort ab und von budgetären Zugeständnissen. Es gibt gute und Hoffnung machende Beispiele, da finden die lokalen Akteure ambulant und stationär mit Krankenkassen den Kompromiss im Sinne der Kinder. Es gibt aber leider mehr vom Gegenteil, sowohl hinsichtlich monetärer Anreize als auch bei der Brückenbildung zwischen den ambulanten und stationären Akteuren.

Noch während der Pandemie hatte ich deshalb im Jahr 2020 eine Diskussion angestoßen, aktiv die Versorgung von Kindern zu verbessern. Wir nannten das Projekt „KidZ". Das stand für „Kinder im Zentrum". Genau dorthin sollten die Kinder (mitsamt ihren Eltern und Geschwistern) nämlich rücken, in das Zentrum der Betrachtung aller tatsächlich an der Versorgung von Kindern beteiligter Akteure: Politiker, Jugendämter, Krankenkassen und Kinderärzte, egal ob niedergelassen oder in Krankenhäusern. Das Projekt begann mit Schwung. Es wurde ein Film gedreht, der das Projekt emotional aufladen und begleiten sollte. Von Beginn an jedoch wurden Vorbehalte an mich und die Projektgruppe herangetragen. Die Krankenkassen würden nicht mitmachen, hieß es. Und wenn doch, dann bräuchten wir ein gesondertes Budget. Die Fachgesellschaft würde das nicht befürworten, warfen Kinderärzte ein. Die niedergelassenen Kollegen würden das nicht mögen, so eine der Sorgen, denn Kliniken würden Tätigkeiten durch die Möglichkeiten tagesklinischer Behandlungen zu deren Lasten ausweiten.

Die Resonanz war sehr unterschiedlich, je nachdem wie gut oder schlecht das Verhältnis vor Ort zwischen der Klinik und den jeweiligen niedergelassenen Kinderärzten war. In großen Runden wurde überwiegend Begeisterung für das Projekt artikuliert. Das könnte endlich etwas bewegen, verlautete unisono aus dem Kreis der Beteiligten, in genau die Richtung, die alle für notwendig halten, um die Versorgung der Kinder in Deutschland zu verbessern. Das Konzept musste auch gar nicht neu geschrieben werden, es lag schon in den Schubladen der Kinderärzte, ein Großteil davon sogar beschrieben in den Empfehlungen der Fachgesellschaft Pädiatrie. In einem waren sich aber bei diesem Projekt alle einig: Es geht nicht ohne Finanzierung. Es bräuchte hierzu also (mehr) Geld.

Dafür müssten die bestehenden Geldströme geändert werden. Hinzu kamen rechtliche Bedenken. Kinder würden nicht mehr im stationären Setting behandelt, das bezahlt wird, sondern tagesklinisch oder ambulant, was ohne Sondervereinbarung nicht bezahlt wird. Ohne eine solche Vereinbarung – so die ganz praktischen Bedenkenträger – einfach mal das Richtige zu tun, rufe vielleicht sogar Staatsanwälte wegen Abrechnungsbetrugs aufs Parkett. Insgesamt kam die übliche Litanei an ablehnenden Argumenten, mir wohlbekannt aus 23 Jahren Praxis im Gesundheitswesen.

Ich wollte mich damals nicht erneut mit allen anlegen, zumal nur übergangsweise wieder im Amt für Helios in Deutschland. Ein Fehler, rückwärts betrachtet, weil zu kurz gedacht. Eine Motivation heute, weil wir es trotzdem noch ändern, es besser machen können. Ja, wir könnten Kinder (und deren Eltern) in Deutschland tatsächlich besser versorgen. Wenn wir das System mutig und klug änderten.

Die Chancen einer Finanzierung nach Population

Wir stellen fest: Das Grundübel für die Fehlallokationen von Gesundheitsausgaben sind die bis heute nach einzelnen Kostenträgern separierten Budgets, verantwortet auch von unterschiedlichen Verwaltungsträgern. Jeder sitzt auf seinem Geldtopf und pocht auf sein Recht, diesen innerhalb seines Bereichs zu verteilen. Zusätzliche Aufgaben werden nicht übernommen, es sei denn, der eigene Geldtopf wird gefüllt. Für eine nachhaltige Verbesserung der Situation müssen wir also zwei Parameter ändern: die Geldströme selbst und deren Verwaltung.

Eine Änderung der Geldströme für lokale Versorgungsnetze wurde schon in Episode #1 skizziert. Die Sektoren lassen sich lokal im Sinne der Menschen aufbrechen, indem populationsbezogene Budgets eingeführt werden. Diese werden aus addierten Geldtöpfen bedient, verteilt wird per Qualitätsnachweis. Agil, individuell lokal-regional, weil die Populationen sich unterscheiden, und gemäß deren Bedarf. Weil Akteure unterschiedlich aufgestellt, als Leistungsanbieter lokal differenziert positioniert sind. Schon das würde vieles zum Guten ändern. Es bräuchte dazu nur mehr regulatorischen Freiraum.

Wenn wir die Finanzierung des Gesundheitswesens indes grundlegend neu und für die Menschen effektiv gestalten wollen, müssen wir einen Schritt weiter gehen. Weg von Orchestrierung nach fixen, an den Sektoren orientierten Budgettöpfen, hin zu einer intelligenten Steuerung nach dem echten Bedarf der Menschen und der Qualität jeweils erbrachter Gesundheitsleistungen.

Wie könnte das in Zukunft etwa aussehen?

Jeder Mensch darf und kann weiter seinen Leistungsanbieter frei wählen. Die Leistungsanbieter sollen Patientenbehandlungen aber nur dann (voll) bezahlt bekommen, wenn ein gesetzlich definiertes Qualitätsniveau eingehalten wird. Das Qualitätsniveau beinhaltet sowohl objektive Komponenten der Ergebnis- und Strukturqualität als auch die Verarbeitung subjektiver Wahrnehmungen (PROM) zur Leistungsqualität. Wer Geld nur noch für Qualität erhält, der wird auch Qualität liefern (müssen). Diese Qualität wird in einer Population nicht nur individuell, sondern auch an gesellschaftlichen Parametern, sprich Lebenserwartung und von der Allgemeinheit gewünschtes Versorgungsniveau, zu messen sein und die Ergebnisse werden in verständlicher Weise öffentlich gemacht. Sie ist Bestandteil der Entscheidung über die in definierten Zeiträumen jeweils lokal-regional neu zu beantwortende Frage, wie und wie viel Gesundheitsversorgung in welchen Versorgungsnetzwerken kooperativ erbracht werden kann und soll.

Folge den Menschen und dem, was sie brauchen!

Das Motto für die Verteilung der Gesundheitsausgaben würde lauten: Folge den Menschen und deren Bedarf an medizinischer Versorgung. Dieser Bedarf ergibt sich aus einer Analyse der relevanten Gesundheitsdaten einer Population. Die Population kann – nach sinnvollen Merkmalen separiert – in unterschiedlichen räumlichen Größenkonstellationen betrachtet werden. Es empfiehlt sich eine Orientierung zwar an politischen Grenzen, da diese weiter relevant sein werden für die regionale oder lokale Umsetzung. Jedoch sollten Entscheidungen auf versorgungsrelevanten Gesundheitsdaten basiert sein, unter Beachtung der Altersstruktur in der einbezogenen Bevölkerung und der relevanten Krankheitsbilder innerhalb dieser definierten Bevölkerungsgruppen.

Wenn sich künftig tatsächlich etwas in diese Richtung ändern soll, muss der Gesetzgeber allerdings die Resettaste drücken bei der konkreten Ausgestaltung der Finanzierung des Gesundheitswesens. Bestehende Strukturen könnten wir dann nur insoweit beibehalten, als diese perspektivisch eine versorgungsnahe Analyse der Gesundheit unserer Population rechtfertigten. Andernfalls sollten wir die Strukturen anpassen, sie neu gestalten. Traditionen allein dürfen nicht reichen als Existenzberechtigung. Es genügt also nicht mehr, immer wieder nur Teilreformen für die einzelnen Geldtöpfe des Systems anzustoßen. Es braucht eine grundlegende Änderung der systemischen Parameter als solche. Eine Agenda der Vernunft und medizinischen Evidenz dazu, wie die Gesundheitsversorgung der Menschen auf Dauer tatsächlich besser gewährleistet bleiben kann. Es braucht eine Gesundheitsagenda, um die Geldströme in die jeweils richtigen Netzwerkstrukturen zu lenken.

Natürlich ist es eine Illusion, anzunehmen, das ließe sich einfach umsetzen, indem die dargelegten Verwaltungs- und Infrastrukturen abgeschafft oder entmachtet würden. Das würde in der Politik so keiner überleben. Es ist sogar fraglich, ob sich dafür eine Mehrheit in der Gesellschaft aussprechen würde. Schon allein wegen der Sorge darüber, was stattdessen „drohen" könnte. Denn Veränderungen verunsichern die Menschen generell, gerade in Deutschland. Aber es gibt einen Weg, die Akteure auch in diesem Punkt zu bewegen, sie vielleicht sogar zu einen und die Menschen in unserer Gesellschaft zu überzeugen. Denn der Grundsatz, nach dem sich alle richten werden, gilt auch künftig immer noch – nur eben unter anderen Vorzeichen: Folge dem Geld!

Bund und Länder müssen bei dieser echten Systemreform Regeln einer Gesundheitsagenda aufstellen und festlegen, wie die Gesundheitsausgaben entlang dieser Agenda künftig (neu) zu verteilen sind. Für die Verteilung gilt die Orientierung an den Leistungen, die laut Versorgungsanalyse für die Menschen benötigt werden. Es gilt, dafür die inhaltlichen Rahmenvorgaben zu machen, festzulegen, welche Budgets künftig für welche Leistungen von wem konkret bereitzustellen sind. Die Geldverwalter werden dann nicht mehr allein in/für ihre(n) Strukturen agieren können, sondern sie werden gezwungen sein, sich zur gemeinsamen Lösung der wesentlichen Gesundheitsthemen zusammenzusetzen. Geld für den (dann gemeinsamen) Geldtopf bekommen ausschließlich integrierende Konzepte, die überzeugen. Der Prozess wird nachgehalten mit Daten zur Versorgungsqualität, die transparent gemacht und öffentlich diskutiert werden. Über die Zeit wird es fortlaufend evidenzbasierte Korrekturen der Gesundheitsagenda geben. Dementsprechend werden die jeweiligen gesetzlichen Rahmenvorgaben in Verarbeitung der Qualitätsergebnisse agil durch neue Standards angepasst. In einem solchen Modell wären die Gesundheitsausgaben einerseits nach Krankheitsbildern zu sortieren und andererseits nach spezifischen Teilpopulationen, also nach versorgungsrelevanten Kriterien segmentierten Bevölkerungsgruppen.

Die Pandemie hat dies in einer extremen Form vorgemacht. Unabhängig von der Frage, ob und wie man zur Pandemiepolitik steht, können wir heute sagen: Die Technik der Steuerung eines Gesundheitsschwerpunkts – Schutz der Menschen vor/mit Covid – über Geldströme hat funktioniert. Warum soll das nicht auch für die gemeinsame Gesundheitsagenda gelten können?

Gesundheitsagenda mit drei Schwerpunkten

Die Steuerung auf Grundlage einer solchen Gesundheitsagenda kann erfolgen, indem beispielsweise drei konkrete Schwerpunkte gebildet werden.

Erstens gilt es, allgemeine Krankheitsbilder zu definieren, auf welche sich das deutsche Gesundheitswesen über alle Strukturen hinweg fokussiert. So könnten die fünf Volkskrankheiten zum Schwerpunkt gemacht werden. Das wären Herz-Kreislauf-Erkrankungen, Diabetes, Krebs, Rückenschmerzen, Depressionen. Diese Schwerpunkte ließen sich auf Basis der vorliegenden Daten wie Alter und Geschlecht evidenzbasiert detaillieren, dies orientiert an der einfachen Frage, wie viele Menschen in einer bestimmten Region welche medizinische Betreuung brauchen. Wenn man dies tut, wird man feststellen, dass die Bedarfe von Region zu Region sehr unterschiedlich sind. Dementsprechend müssen auch die Angebote in der Gesundheitsversorgung unterschiedlich sein. Weil sie dem jeweiligen Bedarf in der Region bestmöglich entsprechen sollten. Eine solche Gesundheitsagenda bedeutet nicht, dass andere Krankheitsbilder nicht mehr oder schlechter behandelt würden. Sie bedeutet nur, dass in den genannten Schwerpunkten eine Entscheidung über Gesundheitsausgaben nicht mehr autonom innerhalb der Geldtöpfe der Strukturen getroffen werden kann, sondern hierfür zu definierende und aus den bisherigen Geldtöpfen abzugebende Geldmittel für themenübergreifende Versorgungsnetzwerke bereitgestellt werden. Damit entsteht im Gesundheitssystem bei Fortbestand der heutigen Strukturen Zwang zur Kooperation, um die Gesundheitsagenda umzusetzen. Ohne Kooperation kein Geld. Ohne gemeinsames Konzept aller an der Gesundheitsversorgung Beteiligter kein Geld. Und Geld fließt nur mit Erfolgskontrolle, also Überprüfung des Health Outcome. Bei Misserfolg erfolgt eine Anpassung der bestehenden Strukturen und/oder Vergabe an andere Leistungserbringer. Delegiert würde die Umsetzung der Agenda regional an Versorgungsnetzwerke, die sich nachweislich als die besten qualifizieren.

Neben den Volkskrankheiten sollte als zweiter Schwerpunkt die Versorgung der aus Sicht der Gesellschaft in besonderem Maße schützenswerten Gruppen definiert werden. Meines Erachtens gilt dies für alte Menschen (Altenpflege, Geriatrie) und für Kinder. Dort wirken die Sektorengrenzen zwischen ambulant und stationär besonders schädlich. Damit verbundene dysfunktionale Behandlungspfade sollten generell wegfallen. Sie würden ersetzt durch das gemeinsame Ziel, die beste Pflege und Versorgung für diese besonders vulnerablen Bevölkerungsgruppen sicherzustellen. Es wäre der finanzielle Raum für gute Konzepte eröffnet, die heute schon in Schubladen liegen. Der (alte bzw. sehr junge) Mensch stünde dabei nun im Zentrum.

Schließlich braucht es, drittens, allgemeine strukturelle Basisvorhaltungen, die staatlich unabhängig von den beiden vorstehenden Aspekten optimal im Ablauf organisiert werden müssen. Das betrifft den flächendeckenden Aufbau und die Organisation des Rettungswesens. Dazu zählen auch Notfallaufnahmen und die Intensivmedizin. Für diese Basisvorhaltungen würde aus den heutigen Geldtöpfen ein Teil des Geldes abgezogen und strukturübergreifend nach einem aus den Versorgungsdaten ermittelten Bedarf verteilt. Es ist zu kurz gesprungen, wenn Karl Lauterbach glaubt, dieses Thema in der aktuellen Reformdiskussion über Vorhaltekosten bei der Finanzierung von Krankenhäusern mit abzubilden. Ob ambulant oder stationär, darf künftig keine Rolle mehr spielen. Die Finanzmittel für diese Agenda-Basisstruktur könnten – bewusst abweichend von den heutigen Strukturen und deren Geldströmen – gebündelt durch die jeweiligen Gebietskörperschaften verwaltet werden. Damit wäre ein Kritikpunkt zu den aktuellen Reformen, nämlich die Frage nach der Sicherstellung einer Notfallversorgung insbesondere im ländlichen Raum, auch übergreifend lösbar. Die Gebietskörperschaften wären wegen der begrenzt verfügbaren Mittel angehalten, für eine optimierte Organisation zu sorgen. Es wäre eine Abkehr von heutiger Krankenhauspolitik möglich, die im Wesentlichen aus der Sorge um die Sicherstellung der Notfallversorgung auf den unveränderten Erhalt (oder Ausbau) von heutigen ländlichen Krankenhausstrukturen abzielt.

Mit der Zeit werden sich weitere oder andere Schwerpunkte ergeben, vermutlich wird auch einiges verworfen. Egal wie weit die Gesellschaft und die Menschen diesen Weg mitgehen, bleibt eine Tatsache unumstößlich: Neue Strukturen werden weiterhin dem Geld folgen. Wenn die Gelder aus diesen Agenda-Geldtöpfen nur noch der erhält, der nachweislich Qualität für die Gesundheitsagenda abliefert, dann werden sich heutige Strukturen anpassen, es werden sich neue Formen der Kooperation oder Vernetzung finden. Und damit letztlich eine bessere, weil bedarfsgerechte Versorgung der Menschen ermöglichen.

Fälle, Fälle, Fälle – aber nicht um jeden Preis!

Zurück zur Helios-Jahrestagung 2012: Nach der Diskussion zu den Fällen kommen wir zu folgenden Beschlüssen. Zum einen soll künftig ein Zusatz zum Motto gelten: „Fälle, Fälle, Fälle – aber nicht um jeden Preis". Das soll unser Credo betonen, dass immer nur die Fälle stationär sein dürfen, die das nachweislich medizinisch erfordern. Zum anderen beschließen wir ein hartes Bonusverbot, das ich später in einem Artikel für unser Mitarbeitermagazin überschreibe mit „Führe uns nicht in Versuchung!". Es ist ein wegweisender Beschluss, getroffen noch bevor sich die Bundesärztekammer und schließlich auch die Deutsche Krankenhausgesellschaft mit ähnlichen Stellungnahmen und Empfehlungen positionierten. Denn, wer den Bonus von Ärzten an Fallzahlen knüpft, der bringt diese Ärzte in Versuchung, im Zweifel eben für eine stationäre Behandlung zu votieren. Das mag im Einzelfall unter Ausübung der ärztlichen Therapiefreiheit geschehen, also völlig legitim sein, aber ab und zu eben vielleicht doch vom Geld getriggert. Deshalb haben wir infolge dieser Beschlüsse konsequent jeden Fehlanreiz für unsere Ärzte verboten – weil wir es schon damals wirklich besser machen wollten.

Episode #3
Realitäten abschaffen für eine neue Realität

Es ist das Jahr 2005. Im Sommer werde ich in Berlin zum Wissensmanager des Jahres gekürt. Die Preisverleihung erfolgt am Pariser Platz, neben dem Brandenburger Tor, in einer Location der Commerzbank für festliche Veranstaltungen. Es gibt eine illustre Jury. Das Wirtschaftsmagazin Impulse und die Financial Times Deutschland vergeben den Preis. Freundliche Reden. Schulterklopfen. Es fühlt sich gut an. Erstmals nach dem Fall der Mauer scheint wieder etwas möglich. Sogar im deutschen Gesundheitswesen. Es beginnt ein Jahrzehnt der Hoffnung auf Reformen, auf einen echten Reformschub. Mit Blick auf die Zukunft scheint alles machbar. Es kommt eine große Koalition. Es gibt Konzepte, gemeinsame Arbeitsgruppen von Bund und Ländern, Willensbekundungen und eine Agenda.

Wir dachten damals tatsächlich, das deutsche Gesundheitswesen ließe sich nun zu einer Transformation bewegen, langsam zum Besseren entwickeln. Im Grunde ging es immer um drei wesentliche Realitäten, die es neu zu gestalten galt. Hebel und Werkzeuge dafür lagen beim Bund und den Ländern. Erstens mussten Defizite bei der Einführung des DRG-Systems behoben werden. Zweitens musste ein Weg definiert werden, wie Infrastruktur angepasst werden kann. Drittens ging es um die Frage der Ressourcen im Gesundheitswesen und darum, wie man diese durch intelligente Arbeitsorganisation über die bekannten Sektorengrenzen hinweg besser einsetzen kann.

Reformbedarf bei Qualität und Infrastruktur

Deutschland hatte das DRG-System eingeführt, ohne die begleitenden Parameter für eine transparente Qualitätssicherung zu regeln. Es ging um die Frage, wie man kontrolliert und sicherstellt, dass ein auf Effizienz und Produktivität getrimmtes Vergütungssystem nicht zu Lasten der Qualität der erbrachten Leistungen geht. Dies lag innerhalb der Befugnis des Bundes. Damit einher ging die Frage der Anpassung der bestehenden Infrastrukturen zur Leistungserbringung. Es war klar, dass mit der Einführung des DRG-Systems die durchschnittliche Verweildauer in Krankenhäusern abnehmen würde gemäß dem allgemeinen internationalen Trend in der Gesundheitsversorgung. Für Infrastruktur liegt die Regelungsbefugnis insbesondere bei den Bundesländern, die noch heute Krankenhausplanung verantworten.

Viele Reformer sammelten sich damals in Berlin. Die Hauptstadt war der Dreh- und Angelpunkt, politisch und ökonomisch. Wowereits „arm, aber sexy"-Slogan stand für Pioniergeist und den Willen, Dinge besser machen zu wollen. Wir verlegten die Helios-Konzernzentrale Ende 2006 nach Berlin, Wowereit hielt die Eröffnungsrede im Spreekarree, einem Bürohaus zwischen Brechttheater und Friedrichstadtpalast. Mit einer roten Rose in der Hand erläuterte er in seiner Rede, dass diese Blume mit ihren weichen Rosenblättern und den spitzen Dornen sein Bild auf uns als Unternehmen wiedergäbe. Wir fühlten uns geehrt.

Es gab zahlreiche Kongresse, Podiumsdiskussionen oder auch kleine private Runden in historischen Bürowohnungen. Eine davon in der Jägerstraße am Gendarmenmarkt, wo der Club of Berlin regelmäßig tagt, wurde als Think-Tank wiederbelebt nach der Wiedervereinigung.

Reformbedarf bei Arbeitsorganisation und Berufsbildern

Ich diskutierte dort mit dem stets streitbaren Heiner Geißler, früher Gesundheitsminister im Kohl-Kabinett, und Vertretern von ATTAC kontrovers über die dritte wesentliche Frage des deutschen Gesundheitswesens, nämlich zum effizienten Einsatz der Ressourcen und zur Arbeitsorganisation im Gesundheitswesen.

Dazu muss man wissen, dass mit Einführung des DRG-Systems ab dem Jahr 2003 die Verweildauern rapide abnahmen: Die Patienten lagen nicht mehr 14 Tage in der Klinik, sondern nur noch sieben Tage. In der gleichen Zeit wurden nun doppelt so viele Patienten behandelt. Betriebswirtschaftlich bedeutete das eine höhere Produktivität, mehr Profit. Für das Klinikpersonal bedeutete es aber, dass die Behandlung und Betreuung der Patienten komplexer, anspruchsvoller und schneller wurde. Probleme waren damit vorprogrammiert. Probleme, welche die Gewerkschaften erkannten und vereinnahmten.

Es war vermutlich sogar die Geburtsstunde einer wieder erstarkenden Gewerkschaftsbewegung im Gesundheitswesen. Es entstanden starke Gewerkschaften, die sich auf Teile der Beschäftigten konzentrierten. Wie der Marburger Bund auf die Ärzte. DAG und ÖVT hatten sich im Jahr 2001 bereits zu Verdi fusioniert, zum ersten Mal waren sie mir gegenüber bei der Privatisierung des Klinikums Berlin-Buch geeint aufgetreten. Frank Ulrich Montgomery wurde nun ein häufiger Gesprächspartner. Er fand Helios interessant, machte sich einen Spaß daraus, in meiner Anwesenheit zu erzählen, dass er gerne als Chefarzt bei Helios arbeiten würde, „weil man da als Chefarzt einen Porsche als Dienstwagen fahren darf". Ich hatte respektvolle Beziehungen aufgebaut zu Verdi und zum Marburger Bund. Als Arbeiterkind, ehemaliges Mitglied der IG

Metall und Stipendiat der Friedrich-Ebert-Stiftung gingen mir die Belange der Beschäftigten sehr nah.

Wir waren uns jedenfalls einig, dass eine Reform des deutschen Gesundheitswesens auch eine Reform der Arbeitsorganisation mit sich bringen musste. Ich verhandelte den ersten Flächentarifvertrag für unsere Kliniken sowohl mit Verdi als auch mit dem neu entstandenen Marburger Bund.

Der Club der Mutigen

Alle Protagonisten dieser Reformbewegungen einte die Erkenntnis über die Defizite des deutschen Gesundheitswesens. Und das Bestreben, daran etwas zu ändern, ob bei der Organisation und Verbesserung der Prozesse, ob bei der Qualität der Gesundheitsleistungen. Ich gründete im Jahr 2008 gemeinsam mit vier Kollegen eine freiwillige gemeinnützige Initiative, die „Initiative für Qualitätsmedizin" (IQM). Wir nannten sie den „Club der Mutigen". Auch die Charité war als Gründungsmitglied bei der heute größten trägerübergreifenden Qualitätsinitiative in Deutschland dabei.

IQM hat die Qualität transparent gemacht und verbessert, in Österreich und in der Schweiz sogar die Indikatoren für die gesetzliche Qualitätssicherung geprägt. Noch bei Gründung von IQM meinte Lutz Helmig, der Gründer von Helios, etwas launisch zu mir, ob ich den Verstand verloren hätte. Wie ich dazu käme, die von uns entwickelten Qualitätsindikatoren unentgeltlich an andere weiterzugeben in Form einer gemeinnützigen Qualitätsinitiative. Erst Jahre später nahm er – mittlerweile überzeugt vom Gegenteil – diese Einschätzung zurück. Das wäre wohl die beste Idee gewesen, meinte er dann, um Qualität in der Medizin voranzubringen und sein ursprüngliches Lebenswerk damit zu adeln. Aus heutiger Sicht nüchtern betrachtet, hat IQM dem Thema Qualität einen großen Schub gegeben. An der generellen gesundheitspolitischen Problematik, an der, wie ich es nenne, Opportunitätenfalle, konnte der Club der Mutigen indes auch nichts ändern.

In der Opportunitätenfalle

Zum Jahr 2014 konnten wir endlich – im zweiten Versuch – die wesentlichen Teile unseres Wettbewerbers Rhön-Klinikum AG übernehmen und damit die Konsolidierung im deutschen Markt abschließen. Ich blickte hoffnungsfroh auf weitere Schritte im europäischen Markt. Mit Blick auf die Dekade der Reformen ab 2005 stellte ich dagegen ernüchtert fest, dass die Konzepte für Reformen in Deutschland gescheitert waren. Unsere Erwartungen waren nicht eingetreten. Der Bund und die Bundesländer hatten es nicht geschafft, die vielen Arbeitspapiere und Gesetze zu den systemprägend relevanten Grundfragen in die Realität umzusetzen. Es folgte Gesundheitsminister auf Gesundheitsminister. Es folgte Papier auf Papier. Es folgte Qualitätsbehörde auf Qualitätsbehörde. Die Reformen schlugen faktisch ins Leere. Es wäre bitter nötig gewesen, die Realitäten konsequent abzuschaffen, um neue zu schaffen. Dazu waren die Akteure insgeheim nicht bereit. Der Bund genauso wie die Bundesländer sahen sich außerstande, zu tun, was hätte getan werden müssen. Qualitätsbehörden scheiterten an Datenquellen und am fehlenden Konsens der Fachgesellschaften für die Parameter einer Qualitätsmessung. Die mehrfach aufgesetzten Programme zur Anpassung von Infrastrukturen mit der Finanzierung über Strukturfonds kosteten viel Geld, brachten aber wenig. Es gelang den Institutionen und ihren Verbänden – wie schon in den vergangenen Jahrzehnten –, die ursprünglich klug angedachten Initiativen in Programme zur Bestandswahrung umzumünzen. Reformen gab es nur mit der Prämisse, dass sich nichts ändert.

Eine Reform, ohne zu reformieren

Retrospektiv war das für Leistungserbringer – wie für alle Akteure – an sich gut fürs Geschäft. Denn es bedeutete regelmäßig mehr Geld fürs System ohne wesentliche Veränderungen. Erfolgreich im deutschen Gesundheitswesen sind diejenigen, die sich in diesem komplexen System intelligent und schnell bewegen können. Historisch waren das etwa Chefärzte mit Privatliquidationsrecht. Sie waren die eigentlichen Herren im Krankenhaus, Verwaltung hatte nur eine dienende Funktion. Das Spektrum heute ist breiter und differenzierter. Aber bis heute gilt: Wer die Klaviatur des DRG-Systems beherrscht und zudem noch streng auf die Kosten achtet, der kann als Krankenhausträger Gewinne machen und damit in die eigene Zukunft investieren. Gleiches gilt für diejenigen der niedergelassenen Kollegen, die sich durch Einfallsreichtum, Service und Schnelligkeit auszeichnen oder in lokalen Monopolstrukturen bewegen. Es gilt für die Fachkraft, die ihren Wert am Markt höchstbietend verkauft, damit ganz individuell die eigenen Einkünfte und/oder die Lebensqualität optimiert. Opportunistisches Verhalten ist dem System inhärent. Die geübte Praxis im Gesundheitswesen lautet: Maximiere deine jeweiligen Opportunitäten innerhalb des bestehenden Gesundheitssystems. Selbst für die Patienten gilt dieser Grundsatz bis zu einem gewissen Grad. Leistungen, die aus Versichertenbeiträgen bezahlt werden, nimmt man eben gerne in Anspruch.

Die zentrale Erkenntnis lautet: Jeder orientiert sich im deutschen Gesundheitswesen an seinen Opportunitäten. Auch Karl Max Einhäupl. Wir trafen uns 2008 erstmals im Café Einstein nahe dem Brandenburger Tor. Beide waren wir neu bestellt als CEO. Ich bei Helios, er bei der Charité. Seine Berufung kam damals ziemlich überraschend. Ein begnadeter Neurologe zwar, dafür recht unbedarft in Sachen Ökonomie.

Aber wissbegierig, offen, ein Schnelldenker. Wir tauschten uns häufiger aus. Über die Jahre hinweg bis 2019. Er liebte Brainstormings beim Frühstück in der ihm vertrauten Umgebung. Sporadisch auch in seiner Küche zu Hause. Er zeigte sich als begabter Koch und perfekter Gastgeber. Wir sprachen über Gesundheitspolitik, das DRG-System, über Deckungsbeitragsrechnung, über Institutionen und Verbände. Wir tauschten unsere Sichtweise aus über Universitätskliniken und über private Träger. Über politische Ränkespiele, die Besonderheiten von Forschung und Wissenschaft. Wir vermissten Exzellenzen in der deutschen universitären Landschaft. Wir vermissten Verlässlichkeit und Stringenz in der deutschen Gesundheitspolitik. Und wir diskutierten die grundverschiedenen, indes ähnlich problembehafteten Ansätze der Länder Berlin und Hamburg zur Organisation deren jeweiliger Versorgungslandschaft – aus sehr unterschiedlichen Perspektiven.

Karl Max Einhäupl gelang es damals jedenfalls, beim Berliner Senat maßgebliche Investitionsmittel für die Charité einzuwerben. Das Land Berlin hatte sich entschieden, das ureigene Infrastrukturproblem in einem vom Land selbst getragenen Krankenhauskonzern – Vivantes – zu parken. Arm und sexy, solange es der Haushalt der Bundeshauptstadt hergab. Hamburg entschied sich im Unterschied dazu für den absoluten Gegenentwurf einer eher kaufmännisch motivierten Privatisierung der damals defizitären landeseigenen Krankenhäuser (LBK). Den Zuschlag dafür erhielt am Ende Asklepios. Ein Untersuchungsausschuss begleitete dies im Nachgang, weil sich die Opposition im Hamburger Senat um enge persönliche Verflechtungen sorgte. Wir hielten uns – als damals unterlegene Bieter – von dem Politikgerangel fern.

Berührungsängste mit Universitätskliniken

Ähnlich ernüchternd war die Entwicklung der ab 2005 diskutierten Ideen zur Privatisierung von deutschen Universitätskliniken. Das Thema wurde über Jahre hinweg medial verarbeitet. Der Markt war in Bewegung und die Option einer Privatisierung von Unikliniken wurde sehr kontrovers diskutiert. Rheinland-Pfalz hatte ein Gesetz zur Neuordnung der Universitätsmedizin auf den Weg gebracht, wonach eine Privatisierung der Mainzer Universitätsklinik möglich geworden wäre, hatte diesen Weg dann aber aus politischen Gründen nicht weiterverfolgt.

Hessen war unter Führung von Roland Koch der Wegbereiter für die erste – und bis heute noch einzige – Privatisierung einer deutschen Universitätsklinik. Er handelte aus politischer und ökonomischer Opportunität, es ging nicht zuletzt aber auch um Prestige. Sein Verhandlungsführer war Walter Arnold, Finanzstaatssekretär und ein politisch erfahrener Unternehmer. Wir konnten gemeinsam so manches politisch bewegen. Bei der Privatisierung der Universitätskliniken Gießen-Marburg kamen wir aber nicht zusammen. Das Land wollte die ausufernden Zuschüsse an die beiden Universitätskliniken für die Zukunft verlässlicher gestalten, aufzeigen, wie eine private Beteiligung an Universitäten nach US-amerikanischen Vorbildern funktionieren könnte. Zugleich wollte es private Investitionen auf einen der beiden Standorte konzentrieren. Dafür wurden erstmals Standorte zusammengefasst, andernfalls wäre die Transaktion nicht möglich gewesen. Am Ende blieben als Bieter die Rhön-Klinikum AG, Asklepios und Helios. Den Zuschlag erhielt schließlich Rhön, nach damaligen Medienberichten, weil es sich zum Aufbau einer Protonentherapie für über 100 Millionen Euro verpflichtete. Technisch und mit Blick auf den medizinischen Bedarf erschien diese

Anlage zwar höchst fraglich, die Zusage war aber wohl für den Zuschlag entscheidend. Später geschah das, was prognostiziert worden war: Es gab zu wenig Patienten für die angebotene Behandlung und es bestand kein relevanter Forschungsbedarf. Die Einrichtung ging insolvent, die Anlage wurde dann an das Universitätsklinikum Heidelberg übergeben, wo bereits seit Jahren erfolgreich eine Protonentherapie betrieben wurde.

Die erste Privatisierung einer Universitätsklinik in Deutschland wurde medial ein Flop und unternehmerisch zum Risiko für Rhön. Das führte das Unternehmen in die Ausgangslage, die uns dann eine Übernahme erlaubte.

Die mögliche Privatisierung von Universitätskliniken war auch Thema einer Veranstaltung der Charité im Herbst 2014, zu der Karl Max Einhäupl mich eingeladen hatte. Ich sollte aufzeigen, unter welchen Voraussetzungen eine Universitätsklinik für private Investoren von Interesse sein könnte. Ich vertrat die Auffassung, dass eine Übernahme für uns nur in Betracht komme, wenn diese einen Mehrwert für den gesamten Klinikkonzern darstellt, sei es finanziell oder durch deutliche Verbesserungen für die Patientenversorgung, Wissenschaft oder Forschung. Ich sprach über den „verlorenen Nimbus" der Universitätskliniken, verwies dabei auf die wenigen internationalen Exzellenzen, machte deutlich, dass auch bei den Universitätskliniken eine Reduktion der Standorte auf etwa die Hälfte erforderlich wäre. Bis heute konnte mir niemand schlüssig darlegen, warum sich Deutschland so viele Universitätskliniken leisten muss. Keiner konnte mir erklären, warum nicht eine Universitätsklinik pro Bundesland genügt. Ich verwies beispielhaft auf die international erfolgreichen Standorte in Wissenschaft und Forschung, zu denen nur eine Handvoll der deutschen Unikliniken gehört. Karl Max Einhäupl hob mögliche Vorteile einer universitären Beteiligung hervor, vor allem den möglichen Imagegewinn und die Stärkung bei den medizinischen Innovationen. Als Vorteil für die Unikliniken bei einer Privatisierung nannte er die Befreiung von der politischen Bevormundung, die Straffung des Managements und schnellere Entscheidungen.

Die ganze Diskussion war eingebettet in eine damals laufende Debatte zur weiteren Entwicklung der beiden Standorte des Universitätsklinikums Schleswig-Holstein. Der Lübecker Standort zeigte Tendenzen für eine „neue Eigenständigkeit". Dagegen standen politische Erwägungen, die ein Auseinanderfallen des universitären Verbundes von Kiel und Lübeck vermeiden wollten. In Gesprächen mit Jens Scholz, Vorstandsvorsitzender des Universitätsklinikums Schleswig-Holstein (UKSH), die wir in Kiel führten, wurde mir schnell klar, wohin die Reise aus seiner Sicht gehen sollte: Das Universitätsklinikum erhielt Milliarden für Neubaumaßnahmen unter der Prämisse, das bestehende Konzept des Universitätsklinikums zu perpetuieren.

Die Praxis zur Maximierung eigener Opportunitäten

Mein Fazit nach über zwei Jahrzehnten Tätigkeit im Gesundheitswesen ist, dass nahezu alle Akteure, also auch die Fachgesellschaften, die Berufsverbände, deren Institutionen, Bände füllen in jahrzehntelanger Klientelpolitik zur Maximierung eigener Opportunitäten. Sie sind lautstark und erfindungsreich, wenn es um deren Ausschöpfung geht. Wenige stellen sich offen der Frage, ob und wie dadurch die Gesundheitsversorgung besser wird.

Auch bei Privatisierungen gab es deshalb viele opportunistische Stilblüten. Das Interesse von öffentlichen Trägern bei Privatisierungen lag vor allem darin, den Standort zu möglichst guten Konditionen dauerhaft abzusichern. Auch dann, wenn der Standort unter dem Aspekt der Gesundheitsversorgung fraglich war. Oft lautete daher die Anforderung an die Bieter, alles besser zu machen, aber bitte, ohne viel zu ändern. Es gab Beschäftigungsgarantien, es gab Standortgarantien, es gab Investitionsgarantien. Quasi sehenden Auges wurden Vereinbarungen getroffen, die auf Dauer nicht funktionieren konnten.

Es wurde dabei eines vergessen: Erst müssen einige Realitäten abgeschafft werden, wenn neue Realitäten geschaffen werden sollen. Nur dann können die Dinge tatsächlich besser werden.

Gute Luft und schlechte Stimmung im Schwabenland

Dass es damals anders lief, war begründet durch politische Erwägungen. Durch den zunehmenden Druck auf und bei Privatisierungen als letzte Option vor einer Insolvenz oder Schließung, die mehr und mehr als „politisch inopportun" empfunden wurden. Ein gutes Beispiel dafür kommt aus der Region zwischen Schwarzwald und Schwäbischer Alb im Jahr 2011. Es ging um die Privatisierung eines Klinikenverbunds in Rottweil, Schramberg und Oberndorf. Ich war bei dem Verfahren damals selbst gar nicht vor Ort. Auch die Verhandlungen wurden primär von den Regionalverantwortlichen geführt. Dennoch blickte ich mit Interesse auf das, was sich dort nahe meiner alten Heimat abspielte.

Die drei Kliniken in Rottweil, Schramberg und Oberndorf hatten sich zuvor zu einem regionalen Verbund zusammengeschlossen. Ziel war ursprünglich wohl gewesen, ein koordiniertes Management der Kliniken zu ermöglichen, etwaige Synergien zu heben und Raum für künftige Investitionen zu schaffen. Ein Modell, das in Deutschland weit verbreitet war. Und meistens scheiterte, weil der Zusammenschluss in Schwierigkeiten geratener Kliniken allein zu kurz greift und die Probleme nicht löst. Wenn die Standorte nicht am Bedarf der Menschen ausgerichtet sind, wenn die medizinische Qualität nicht passt und wenn die Augen vor wirtschaftlichen Notwendigkeiten verschlossen werden. Wie auch in diesem Fall, weshalb nun eine Privatisierung erwogen wurde. Im Markt tummelten sich mittlerweile mehrere Anbieter, unter anderen Helios, Asklepios und Ameos. In der Stadthalle Schramberg präsentierten die Bieter der Reihe nach ihre Konzepte. Der am heißesten diskutierte Punkt war, ob nach einer Privatisierung die Standorte in Schramberg und Oberndorf erhalten bleiben sollten oder nicht. Gemeint war damit nicht nur der Erhalt als Gesundheitszentrum mit Anlaufstelle für Notfälle, sondern als komplettes Krankenhaus, als die „Klinik vor Ort". In der Stadthalle fanden sich Tausende Menschen ein, so wurde mir aus der Veranstaltung berichtet, offensichtlich mehr als die Zahl der Patienten, die das gesamte Jahr zuvor den Weg in die Schramberger Klinik gefunden hatten.

Bemerkenswert war das akzentuiert unterschiedliche Auftreten der Bieter. Wir von Helios blieben deutlich in der Sache: Jede medizinische Evidenz legte die Schließung der Standorte in Schramberg und Oberndorf und eine Konzentration auf Rottweil mit Investitionen von über 25 Millionen Euro nahe. Wir waren nach unserer Analyse davon überzeugt, dass ein einziger modern ausgestatteter Standort für die Menschen in der Region besser wäre als das Erhalten von drei Standorten, die alles in minderer Qualität und am Bedarf vorbei machen. Andere Bieter hingegen folgten stärker den politischen Opportunitäten. Sie begannen Konzepte vorzustellen, die einen Erhalt aller Standorte auf Dauer vorsahen. Was sich die Menschen natürlich wünschten. Den Erhalt der Klinik vor Ort und selbstverständlich aller Arbeitsplätze am Ort, selbst wenn alternativ ggf. künftig nur eine Anfahrt nach Rottweil angedacht wäre. In den Bestandskonzepten wurde argumentiert mit künftig „blühenden Landschaften“ medizinischer Art, beispielsweise einem Lungenzentrum in Schramberg. Ich selbst kenne und mag die Gegend und ich schätze die gute Luft dort nah am Schwarzwald. Dass aber ausreichend Patienten für ein überregionales Lungenzentrum gefunden werden könnten, erschien mir nicht realistisch. Wir blieben bei der medizinisch evidenten Lösung, boten Investitionen in Rottweil bei Schließung des Standortes in Schramberg an. Oberndorf war mittlerweile ausgeschert aus dem Verbund, suchte sein Glück mit einem weiteren anderen privaten Träger, der sich nunmehr auf den Erhalt von Oberndorf konzentrieren wollte.

Nur selten siegt die Vernunft

Am Ende siegte auf der Schwäbischen Alb also die Vernunft. Das war nicht zu erwarten. Die Mehrheit im Kreistag stimmte für Helios. Es war politisch brisant, keine Entscheidung nach Opportunität, sondern eine persönliche nach bitterer Vernunft. Der Sohn eines baden-württembergischen Ministerpräsidenten stimmte medienwirksam gegen die Linie seiner Fraktion, da er den Klinikstandort in Schramberg erhalten wollte. Bei der nachfolgenden Landtagswahl erhielten Kreistagsabgeordnete die Quittung, fielen bei den Wählern durch. Helios ist bis heute nicht beliebt in Rottweil, obgleich Versprechen eingehalten wurden und die medizinische Qualität vor Ort stimmt.

Es taugt dennoch zum positiven Lehrbeispiel für viele andere vergleichbare Situationen. Nur selten siegte die Vernunft. Aber wer möchte es den Menschen verdenken, wenn selbst die Experten sich schwer damit tun, ihr eigenes Handeln an den Fakten zu orientieren? Sobald Opportunitäten winken.

Gut kodiert ist halb gewonnen

Damit Krankenhäuser erst gar nicht in wirtschaftliche Schwierigkeiten geraten, müssen sie auskömmliche Einnahmen erzielen. Folgerichtig lag ein – jährlich wiederkehrender – Schwerpunkt auf unseren Jahrestagungen nach Einführung des DRG-Systems auf dem Thema Kodierung, also die Einordnung eines bestimmten Falls im DRG-Katalog, und der darauf basierten Abrechnung. Schon bei der Umstellung auf das DRG-System konnte man sich als Krankenhaus gut oder schlecht positionieren. Gut war, wer im Zuge der Kostenausgliederung in das DRG-Entgeltsystem bei den Ist-Kosten hoch lag. Diese dann hohen Einstiegskosten bestimmten den krankenhausindividuellen Ausgangswert für die DRG-Budgets. Wer mit hohen Kosten startete, wurde erst über mehrere Jahre „abgeschmolzen" – und konnte sich in den ersten Jahren noch Luft verschaffen. Manche Ehrgeizigeren dachten hingegen, sie müssten sich „effizienter rechnen". Und sind damit letztlich mit größerem Druck ins DRG-System gestartet.

Es wurde schnell deutlich, wie wichtig es war, Experten zu haben, die das DRG-System im Detail beherrschten. Das galt sowohl für die Budgetverhandlungen als auch für die Kodierung und Abrechnung. Mit optimaler Dokumentation, einer klugen Kodierung und Abrechnung konnten Erlöse ganz wesentlich nach oben bewegt werden, je nach dem Portfolio des Krankenhauses. Unsere Experten bei Helios zählten zu den Besten. Einige davon haben sich später als Unternehmensberater selbständig gemacht. Sie haben anderen Krankenhäusern und Trägern ihr Wissen verkauft, damit diese ihre Leistungen besser im DRG-System abbilden konnten. Das führte so weit, dass bei der Programmierung von Kodierungssoftware darauf geachtet wurde, die jeweils höchstbezahlte Ziffer zur

Kodierung und Abrechnung ganz oben auf der Liste zum Klick anzubieten, sofern es einen gewissen Beurteilungsspielraum gab. Die ehemaligen Kollegen vereinbarten mit den – vor allem öffentlichen – Krankenhäusern ein Erfolgshonorar in Abhängigkeit von den durch die Beratung zusätzlich erzielten DRG-Erlösen. Das gut beratene Krankenhaus wurde wirtschaftlicher, vielleicht sogar erstmals profitabel. Die ehemaligen Kollegen verdienten mehr als sie bei einer Karriere als Klinikmanager hätten verdienen können.

Kodierung ist heute nur noch ein sekundäres Thema. Neue Opportunitäten haben sich durch den politisch herbeigeführten Insolvenzschub aufgetan. Heute arbeiten die früheren Kollegen in Massen als Interimsmanager für insolvenzgefährdete Kliniken. Ein inflationäres Beratungsfeld, weil der Bund und die Länder aktuell die Kliniken unkoordiniert in Insolvenzen laufen lassen.

Reform im Kamikazestil

Es ist nunmehr Januar 2024. Ich bin in Wiesbaden, sitze auf dem Podium bei einer Veranstaltung der Deutschen Gesellschaft für Innere Medizin (DGIM), einer der größten medizinischen Fachgesellschaften, der Fach- und Hausärzte angehören. Das Thema ist die Gesundheitsreform.

Der Termin war in der Annahme gewählt worden, dass bis dahin Gesetzesentwürfe dafür vorliegen. Das aber wird durch einen Disput zwischen Bund und Bundesländern vereitelt. Bei den Podiumsteilnehmern herrscht Ratlosigkeit im Umgang mit der Situation. Unisono lautet die Einschätzung, dass diese Art der Politik auf Dauer nicht gesund sein kann. Ich eröffne meinen Impulsvortrag zur Diskussionsrunde mit einem Orientierungssatz, der bei latenter Ratlosigkeit besonders gut passt:

Wir müssen wissen,
warum wir das tun,
was wir tun,
damit es besser werden kann.

Nun, wir wissen, warum Bund und Bundesländer tun, was sie tun. Rückblickend auf den Start im Jahr 2005 geht es auch heute um die immer noch gleichen drei Basisfragen: die Qualitätsfrage, die Infrastrukturfrage und die Ressourcenfrage.

Eine konsensuale Lösung ist auch weiterhin nicht in Sicht. Jeder pocht auf den Teil seiner regulatorischen Verantwortlichkeiten und schiebt den Schwarzen Peter weiter für das, was passiert. Oder nicht passiert, je nachdem. Ich bezeichne das in der Diskussion als eine Reform im Kamikazestil, appelliere an die Vernunft der politischen Akteure und an deren Verantwortungsgefühl.

Die Teilnehmer der Veranstaltung äußern heftige Kritik an der aktuellen Reform, auch weil sie unkontrollierte Insolvenzen von Kliniken nach sich ziehen könnte. Die Mehrheit hält es für sinnvoll, innezuhalten und die derzeitigen Reformvorhaben nochmals zu überdenken. Dafür Sorge zu tragen, dass eben keine unkontrollierten Insolvenzen von Kliniken eintreten. Es müsse zunächst Klarheit darüber bestehen, welche künftig nötig sind, welche in anderer Funktion in kooperativen Versorgungsnetzwerken gebraucht werden und auf welche tatsächlich verzichtet werden könnte.

Debatte um Gesundheitsreform am Thema vorbei

Ich verlasse die Diskussion mit Fragezeichen in meinem Kopf, was ich davon halten soll. Ich bin davon überzeugt: Das, worum sich die Debatte bei der Gesundheitsreform derzeit dreht, ist nicht das, was wir für eine sachlich balancierte

Transformation brauchen. Das macht eine spontane Eingabe in ChatGPT vor der Veranstaltung deutlich. Auf meine Frage, was die KI vom deutschen Gesundheitssystem hält, lautet deren Antwort:

„Das deutsche Gesundheitssystem wird oft gelobt für seine hohe Qualität und Verfügbarkeit. Es ist eine Mischung aus öffentlichem und privatem Sektor, mit einer umfassenden Abdeckung des Versorgungsbedarfs der Menschen. Es betont die Prävention und hat einen Fokus auf Forschung und Innovation. Allerdings muss es, wie jedes Gesundheitssystem, einige Herausforderungen lösen, wie etwa das Problem der steigenden Kosten und der älter werdenden Bevölkerung. Insgesamt wird es dennoch als eines der besten Gesundheitssysteme weltweit gesehen."

Das ist genau die Basisargumentation der Bestandsbewahrer. Sie gilt als solche schon immer und hat bislang eine grundlegende Transformation verhindert. So richtig zufrieden ist trotzdem keiner damit, weil die Fakten eine deutlich kritischere Sprache sprechen. Was genau wie verändert werden soll, bleibt bei alledem bis heute diffus. Außer die Erkenntnis, dass die verfügbaren Gelder und Ressourcen endlich sind. Ich frage die KI also, was getan werden müsste, um ein besseres „Healthcare Outcome" bei niedrigeren Kosten zu erreichen. Der Zehn-Punkte-Plan der Maschine lautet:

1. Vereinfachung und Vereinheitlichung der administrativen Prozesse
2. Stärkere Fokussierung auf die Prävention und die Präventionsmedizin
3. Stärkung eines fairen Wettbewerbs
4. Umsetzung der Möglichkeiten von Digital Health
5. Deutlicher Fokus auf die Senkung der Medikamentenkosten

6. Bewerbung der Bevölkerung für einen gesünderen Lebensstil
7. Eine Verbesserung der integrierten Versorgung ambulant/stationär
8. Förderung und Ausbau von Innovationen
9. Eine stärkere Fokussierung auf den Bedarf der älteren Menschen
10. Eine Reform der Finanzierung und des Vergütungssystems

Gar nicht so dumm, die KI, denke ich mir.

Kein Konsens zur Industrialisierung der Gesundheitsversorgung

Die Hebel, die wir ziehen könnten (bzw. müssten) für eine gelingende Reform unseres Gesundheitswesens, sind nicht nur der KI bekannt. Selbstverständlich wissen das auch die Experten und Politiker. Im Wege stehen häufig Einzelinteressen. Oder der fehlende Wille zur Veränderung. Oder die Angst vor der Komplexität der Materie oder davor, auf Widerstände zu stoßen. Und tatsächlich: Wenn wir bei der Reform falsche Schwerpunkte setzen und nötige Veränderungen nicht gut erklären, verlieren die Menschen das Vertrauen in die Gesundheitspolitik. Wir verlieren schon heute täglich mehr an Menschen. Ein Großteil arbeitet in deutschen Krankenhäusern.

Sie verstehen es nicht, warum Krankenhäuser Gewinne machen (müssen). Sie fürchten das DRG-System, weil damit die Abläufe in der Arbeitsorganisation beschleunigt wurden. Das zeigt sich an der Halbierung der Verweildauern. Sie hadern mit dem DRG-System, weil es Menschen früher in den ambulanten Sektor und nach Hause zurückbringt, was zu höherem Bedarf in den aufnehmenden Institutionen oder Familien führt. Menschen sehen die Effekte als Folge der „Industrialisierung" von Abläufen in der Gesundheitsversorgung.

Es besteht gesellschaftlich kaum Konsens über die Sinnbzw. Vorteilhaftigkeit einer solchen „Industrialisierung" generell noch über das künftig notwendige oder anzustrebende Maß. Selbst Ethiker finden sich schwer zurecht. Für Ärzte gilt der Eid des Hippokrates als berufsethisches Fundament zur eigenen Position. Je nach Persönlichkeit, Situation und Fachgebiet decken Ärzte allerdings ein sehr breites Spektrum an Beurteilungsspielräumen hinsichtlich der eigenen Produktivität ab. Die besten Operateure beispielsweise sind deshalb so gut und damit auch „produktiver", weil sie in ihrem Spezialgebiet die höchsten Fallzahlen haben. Ein Grund, weshalb die Anzahl an Fällen bei komplexen Eingriffen mittlerweile ein anerkannter Maßstab zur Qualitätssicherung in der Medizin geworden ist.

Spielplätze der Gesundheitspolitik

Diese Beispiele machen deutlich: Gesundheitspolitik heute ist ein Spielplatz der Politik, auf dem Opportunismus und die Maximierung von Eigeninteressen die Spielregeln vorgeben.

Damit sich daran etwas Grundlegendes ändert, müssen maßgebliche Akteure im deutschen Gesundheitswesen ihren Blick für das Wesentliche schärfen. Die Sicht auf die Menschen richten, die mit Gesundheit versorgt werden sollen. Nicht dass diese Sicht komplett verloren gegangen wäre. Aber sie erfolgt durch Opportunitätsbrillen. Und führt zu hohen Opportunitätskosten als inhärente Prämien für tradierte Verhaltensmuster, weil das vorhandene Geld nicht effizient und strikt am Patientennutzen und -bedarf orientiert ausgegeben wird.

Hinzu kommen über die Zeit entstandene Eintrübungen in den jeweiligen Opportunitätsbrillen. In den Fokus der Akteure im Gesundheitswesen rücken nicht mehr die zu versorgenden Menschen. Der Blick durch die Brille gilt stattdessen den Interessen der eigenen Klientel, die den Wählern geschickt als auch in deren Interesse liegend vermittelt werden. Argumente lassen sich schließlich immer finden und schön verpacken. Das gilt allgemein für die Gesundheitspolitik, die in den vergangenen Jahrzehnten Milliardenbeträge an Opportunitätskosten verursacht hat. Politisch in der Regel gut nachvollziehbar, nur inhaltlich leider oft ohne Evidenz und ohne Stringenz.

Im Gesundheitswesen finden wir komplexe ethisch-politische Korrelationen. Der behandelnde Arzt greift in Körper ein, gerechtfertigt durch Hippokrates. Die Sozialpolitik greift in Haushaltskassen, gerechtfertigt durch soziale Ethik. Die Haushaltspolitik greift ein, gerechtfertigt durch das Wirtschaftlichkeitsgebot. Die Gesellschaftspolitik greift korrigierend ein, gerechtfertigt durch das Ziel einer systemischen Balance zwischen den Generationen. Die Arbeitspolitik greift ein zum Erhalt von Arbeitsplätzen. Die Liste ließe sich fortsetzen. Was zu kurz kommt, ist die eigentliche Gesundheitspolitik. Sie wird bloß verstanden als ein Bündel vieler Politikbereiche in unserer Gesellschaft.

Gesundheitspolitik ist Sozialpolitik, jedenfalls in den meisten unserer entwickelten Gesellschaften. Es wird daher in Deutschland nicht gelingen, die Einflüsse der Sozialpolitik aus dem Gesundheitswesen gänzlich herauszuhalten. Das ist zu akzeptieren und vielleicht auch ganz gut so, weil es auf einem breiten gesellschaftlichen Konsens beruht. Was jedoch auf jeden Fall vermeidbar ist und vermieden werden muss, sind politische Ränkespiele. Sonst wird das Gesundheitswesen zum politischen Werkzeug, ein altes Grundübel deutscher Gesundheitspolitik. Das Gesundheitswesen wird in solchen Fällen als Geisel genommen für gesellschaftliche oder politische

Positionskämpfe, besonders beliebt im Kontext von Wahlen, oft auch klug instrumentalisiert und perfekt inszeniert zur Durchsetzung eigener Interessen oder der einer Klientel.

Solche Ränkespiele sind ungesund für das Gesundheitswesen, sie lenken bewusst vom Sachthema ab. Das Thema ist ein sozialpolitisch-medizinisches, nämlich das Ziel einer qualitativ bestmöglichen und dennoch bezahlbaren Gesundheitsversorgung für jeden Menschen in unserer Gesellschaft. Rationale Politik hält daher inne bei unklarer Evidenz in der Gesundheitsversorgung, sie folgt – wo immer möglich – Empfehlungen von Fachexperten. Womit wir die Achillesferse gesunder Politik offenbaren, die Frage nach den Fachexperten und deren Interessen, zuletzt erlebt im Kontext der Coronapandemie. Das Gesundheitswesen tut gut daran, sich in wesentlichen gesundheitspolitischen Fragen – ähnlich der Wissenschaft – dem Evidenzgebot zu unterwerfen und dementsprechend streng ihre Fachexperten auszuwählen. Die von der Politik beigezogenen Fachexperten wiederum tun gut daran und sollten sogar dazu verpflichtet werden, sich in ihren medialen Auftritten und Äußerungen zu mäßigen. Als wegweisend könnten das bei Richtern praktizierte Prinzip der Zurückhaltung mit der eigenen Beurteilung und das in der Wissenschaft bestens bewährte Prinzip der Offenlegung von Interessenkonflikten dienen.

Die „German Angst" überwinden

Im Grunde sollte Gesundheitspolitik prioritär einem einzigen ethischen Postulat dienen, dem Blick auf die Menschen mit Bedarf an Gesundheitsversorgung. Auf diese Menschen zu fokussieren, egal ob wir sie Patienten oder Kunden nennen wollen, das ist der einzige Weg aus der Opportunitätsfalle. Er bedeutet eine Abkehr vom heutigen Politikverständnis.

Es geht darum, die Gesundheitsversorgung bestmöglich zu organisieren. Dem müssen sich alle anderen Opportunitätserwägungen unterordnen. Dafür muss die Gesundheitspolitik sicherstellen, dass diese Gesundheitsversorgung mit evident höchster Qualität zu den geringstmöglichen Kosten erbracht wird. Eine gute Gesundheitsversorgung wird auch künftig nur dann gelingen, wenn wir Gestaltungsspielräume für eine bedarfsgerechte Medizin eröffnen, gleichzeitig rein opportunistisches Handeln einschränken und damit die Opportunitätskosten reduzieren. Es darf künftig keinen Spielplatz mehr geben zur Maximierung der jeweiligen Eigeninteressen. Es muss darum gehen, die richtigen Anreize zu setzen für eine gute Versorgung der Menschen.

Februar 2024, ich sitze im ICE nach Stralsund, mitten in den Wochen permanenter Streiks an Flughäfen und in öffentlichen Verkehrsmitteln. Ich habe Zeit, poste auf LinkedIn zur „German Angst". Sie steht gemeinhin für die oft grundlose oder übertriebene Besorgtheit der Deutschen. Ich versehe den Begriff mit einer weiteren Facette: alles besser wissen, aber nichts besser machen. Es braucht eine deutliche Abkehr von dieser Haltung im deutschen Gesundheitswesen. Eigentlich wissen wir alle nur zu gut, was zu tun ist mit Blick auf unsere drei relevanten Themen: Qualität der Gesundheitsversorgung, bedarfsgerechte Bereinigung der Infrastruktur, intelligenter Einsatz der vorhandenen Ressourcen. Die Themen sind bekannt, die Konzepte liegen vor. Es fehlt bis heute „nur" an der beherzten Umsetzung. Es ist Zeit, den Weg konsequent zu gehen, auf den wir uns einst 2005 in Berlin nach der Preisverleihung am Brandenburger Tor so hoffnungsfroh gemacht hatten. Manches braucht länger, meinetwegen. Hauptsache es passiert noch.

Episode #4
Realitäten über Profitabilität, Synergien und Effizienzen

Ich habe als Manager im Gesundheitswesen mit vielen Journalisten zu tun gehabt. Mit den meisten bin ich gut klargekommen. Manche blieben mir fremd. In der Regel ging es um das Geschäft, im Schwerpunkt um Profit, Sanierung, Effizienzen. Es gab viele Berichte und Interviews, manche bemerkenswert. Eines prägnant: Es ist 2008. Ich bin gerade zum CEO von Helios und zum Fresenius-Vorstand berufen worden, da meldet sich das Magazin GEO Wissen. Eine der kommenden Ausgaben befasst sich mit Arbeiterkindern. Ich passe ins Profil als Arbeiterkind mit Migrationshintergrund. Und bin anfangs gegen ein Interview. Denn mein Bild von Journalisten ist bis dahin geprägt von investigativen Recherchen und kritischen Interviews zu Privatisierungen. Mein Kommunikationschef überzeugt mich aber schließlich, mich darauf einzulassen. So treffe ich Marion Rollin zum Gespräch. Sie nimmt sich viel Zeit, zeigt sich ehrlich interessiert an mir als Person und an meiner Geschichte, behandelt mich und die komplizierte Materie sehr sensibel, sozusagen mit „emotionalen Fingerspitzen". Marion Rollin fragt, ob ich mich denn nie zerrissen fühlte zwischen dem eisernen Sanierer und jenem Kind in mir, dessen Vater die Heimat verließ, weil er dort keine Arbeit mehr fand. Meine Antwort kommt sehr technisch daher, klingt vielleicht sogar etwas hilflos, jedenfalls eher wie Managersprache: „Indem ich Kliniken saniere, rette ich auch Arbeitsplätze. Sonst würden sie insolvent und allen müsste gekündigt werden." Die Antwort stimmt. Sie überdeckt aber – wie oft bei Interviews – den emotionalen Kern dessen, was mich bei dieser Frage insgeheim beschäftigt. Es entsteht ein Porträt mit dem Titel „Lebenslauf: Gegen den Wind", der meinen Blick auf die Realität dessen, was wir taten, ändert.

Heute würde ich anders antworten: Ich bin stolz auf das, was ich tue. Auch wenn ich nicht glücklich über jede Maßnahme bin, die mein Job mit sich bringt. Wir tun das, was Ärzte für ihre Patienten tun, nur eben für Kliniken. Sie kommen unfreiwillig zu uns, meist als Notfall für die Privatisierung. In schlechtem Zustand. Sie sind desorientiert. In schlechter körperlicher Verfassung. Wir stellen die ersten Diagnosen. Viren haben das Immunsystem geschwächt. Die Haut zeigt Nesseln und ist brüchig. Innere Organe sind unterschiedlich betroffen. Bei vielen sind sie intakt, eine gute Ausgangsbasis. Bei manchen auch dort schlechte Werte, Ausfälle sogar zum Teil. Die Beine kaum mehr gehfähig, die Arme fallen ohne Muskelkraft, die Hände zeigen böse Narben und Schwielen. Zeichen von Schwerstarbeit in vielen Jahren. Der Oberkörper ist geneigt, die Klinik beschreibt Schmerzen im Rückgrat und temporäre Krampfanfälle. Der Kopf intakt, aber abgelenkt durch einen permanenten Tinnitus in den höchsten Tonlagen. Manche bei Aufnahme lethargisch, ein Muster für F-Diagnosen, leicht psychosomatische Anzeichen.

Patient Krankenhaus

Wir analysieren Laborwerte, radiologische Bilder, Kurven und Diagramme. Und dann beginnen wir mit der Therapie. Wir sorgen für einen klaren Kopf. Stellen Bewegungsfähigkeit her, manchmal nur durch Gymnastik, manchmal braucht es neue Knie- oder Hüftgelenke. In komplexen Konstellationen ersetzen wir kaputte Bandscheiben durch Prothesen, um die Schmerzen zu beseitigen und neue Beweglichkeit zu erreichen. Wir achten auf die Ernährung, stellen den Lebensrhythmus um. Geben Medikamente, wenn Gefäße verschlossen sind, oder intervenieren mechanisch, legen, wo nötig, einen Stent.

Bei Kliniken mit bösartigen Neubildungen (Krebstumoren) sind die Therapien komplexer, insgesamt aufwändiger, aber nicht hoffnungslos. Wir bieten allen Kliniken ein soziales Umfeld, Gruppentherapien mit und Coaching von anderen Kliniken, die einige Jahre vorher als Notfälle bei uns ankamen und inzwischen wieder fit sind. Wir machen gemeinsam Sport, bauen die Muskelkraft wieder auf, motivieren zu Wettkämpfen mit anderen, helfen mit Tipps, Peers, Testpiloten, Benchmarks. Damit die Klinik künftig nun wieder gut klarkommt in ihrem regionalen Umfeld.

Schon während der Genesung beginnen wir die bisherigen Gewohnheiten der Kliniken zu hinterfragen, klären latente Zweifel nach deren Sinn und finden Ziele für die Zukunft. Wir helfen den Kliniken, für sich eine Idee der eigenen Zukunft zu entwickeln. Wir wollen damit vermeiden, dass die Klinik künftig wieder zu einem Notfall wird. Wir sorgen dafür, dass die Klinik die Menschen überzeugt, nicht nur weil sie wieder in Schuss ist, sogar gut aussieht, sondern weil sie sich befreit hat von dem, was krank macht. Die Menschen können wieder in die Klinik kommen, weil die Klinik gut für die Menschen ist. Wir achten darauf, dass keine neuen Krankheiten entstehen. Denn die Kliniken sind sehr ambitioniert, neigen zur Selbstüberforderung. Wir achten auf das Machbare, auf das, was möglich ist. Nicht mehr, nicht weniger.

Warum die Analogie aus meiner Sicht so gut passt? Weil keine Therapie ohne Disziplin, Anstrengung, Wille zur Veränderung, aber auch Optimismus des Patienten gelingen kann.

Das ist bei einem Krankenhaus in wirtschaftlicher Schieflage nicht anders. Nicht jede einzelne Maßnahme macht Freude. Es geht selten ohne schmerzhafte Einschnitte. Aber wenn wir eine Klinik nachhaltig auf gesunde Beine stellen möchten, müssen wir tun, was dafür notwendig ist. Auch wenn es manchmal wehtut.

Zum Zeitpunkt des Interviews mit Marion Rollin machten wir das mit rund fünf Kliniken pro Jahr. Wir haben in den vergangenen mehr als 20 Jahren zahlreiche „Patienten Krankenhaus" diagnostiziert und therapiert, dabei von jeder Klinik das eingefordert, was sie an Selbstheilungskräften aufbringen und zu einer erfolgreichen Behandlung beitragen konnte. Wir von Helios wollten zeigen, was im deutschen Gesundheitswesen möglich ist. Wie man als Krankenhausträger profitabel sein kann bei nichtsdestotrotz höchster medizinischer Qualität.

Profitabilität und Effizienzen im DRG-System

Es ist November 2008, deutscher Herbst. Ich sitze im Nachtcafé bei Wieland Backes mit interessanten (anderen) Gästen wie Nina Ruge und Udo Ludwig, einem der bekanntesten Vertreter des investigativen Journalismus in Deutschland. Der Titel der Sendung lautete „Patient Krankenhaus", orientiert am Titel von Udo Ludwigs aktuellem Buch. Die Diskussion ist engagiert, dabei nüchtern und sachlich. Es gibt kein oberflächliches Jammern, wir bleiben beim Thema und dabei authentisch. Direkt nach der Sendung plaudern wir im Studio weiter. Udo Ludwig, im Lauf des Abends „aufgetaut" und nun nicht mehr in seiner Rolle als Enthüllungsjournalist, gesteht mir zu, dass man den privaten Krankenhausträgern gewisse positive Impulse für die Gesundheitsversorgung nicht absprechen könne. Sie hätten die trägen öffentlichen Krankenhausträger dazu gebracht, bei der Organisation ihres Krankenhausbetriebs besser auf Kosten zu achten und damit insgesamt effizienter zu werden.

Andere Jahreszeit, anderes Setting, anderer Gesprächspartner, gleiches Thema: Ich sitze mit Karl Max Einhäupl von der Charité an seinem Küchentisch in Berlin und wir diskutieren über Effizienzen im DRG-System. Er spricht über Deckungsbeiträge und Kostenstellenrechnung, fragt mich, wie wir das denn als Private machten, auch wie wir Investitionsmittel verteilten. Und wie bei uns die interne Verrechnung von Leistungen bis auf die Abteilungsebenen geregelt sei. Es müsse – so seine Überzeugung – innerhalb eines Krankenhausbetriebs doch transparent gemacht werden, mit welchen Teilbudgets die einzelnen Bereiche ausgestattet seien und welche Kosten dagegenstünden. Nur so könne man schließlich herausfinden, wer zu den Verlierern und wer zu den Gewinnern des Systems zähle. Außerdem wäre es wichtig, zu verstehen, wie im DRG-System möglicherweise schlechter vergütete Leistungen sich dennoch lohnten, weil spezifische Konzile oder Querschnittsdienste für andere Abteilungen erbracht würden. Es gebe bei der Charité, so schilderte er, sehr kluge, detailliertere Leistungsverrechnungen, beispielweise der Anästhesie oder der Intensivabteilung, an die anderen Bereiche. Es gebe dazu aber häufig Streit und es sei zudem alles ziemlich bürokratisch. Er frage sich daher, wie dies mehr Profit bringen könne. „Das frage ich mich auch“, erwidere ich und erläutere ihm unsere Philosophie und Arbeitsweise bei Helios.

Kenngrößen und Kennzahlen: Weniger ist mehr

Ich arbeite in der operativen Steuerung mit nur drei elementaren Kenngrößen – Qualität, Erlöse, Kosten – und wenigen Kennzahlen zur Evaluation. Es gibt keine generellen

Verrechnungen unter den Abteilungen innerhalb einer gesamten Klinik, alle fokussieren sich auf den Profit des gesamten Krankenhauses, denn allein darauf kommt es an. Krankenhaus ist eine Teamleistung, unabhängig von der technischen Vergütung nach DRG.

Das ist eine Selbstverständlichkeit für breit aufgestellte Allgemeinkliniken. Es gilt aber auch für Spezialkliniken, dort etwa hinsichtlich des Anteils einzelner Fachkollegen an dem gemeinsamen Behandlungsergebnis. Nur wenn sich die Kollegen insgesamt als Team sehen und verstehen, werden auf Dauer gute Behandlungsergebnisse erzielt, so meine Erfahrung. Deckungsbeiträge auf Ebene einzelner Abteilungen zu ermitteln, hilft dabei nicht.

Im Gegenteil, solche Diskussionen führen zu einem konfliktären Betriebsklima und zu Verschwendung von Zeit und Kraft für Auseinandersetzungen mit Zahlenfriedhöfen. Wenn eine Abteilung nicht (mehr) zum wirtschaftlichen Erfolg des Krankenhauses beiträgt, muss eine grundsätzliche Entscheidung getroffen werden. Sie bleibt, wenn sie nach dem erteilten Versorgungsauftrag aufrechtzuerhalten ist. Das gilt, solange sie eine Größe hat, die einen qualitativ hochwertigen Betrieb erlaubt. Andernfalls muss das Leistungsportfolio hinterfragt und diese Leistung an andere Kliniken vergeben werden, die dafür aufgrund ihrer Größe und Kapazitäten besser geeignet sind. Das gilt für hochkomplexe Behandlungen genauso wie für Geburtshilfen.

Karl Max Einhäupl scheint leicht irritiert. Wir diskutieren noch lange weiter. Im Lauf des Abends wird mir klar, dass das, was man den privaten Trägern nachsagt, oft nur wenig mit dem zu tun hat, was wir tatsächlich tun. Die Dinge sind einfacher, wenn man sie aus der Praxis kennt. Bei Helios galt von Gründung an, dass nur gute Qualität gewinnen kann. Das

Credo: Wer konsequent auf Qualität achtet, wird am Ende dafür belohnt. Das mit dem Profit allerdings bleibt ein Streitpunkt auch an diesem Abend am Südberliner Küchentisch von Karl Max Einhäupl.

Über Routinedaten, einen Qualitätspapst und Goldmünzen

Doch stellen wir die Dinge der Reihe nach dar, um die Zusammenhänge zu verstehen. Mit Einführung des DRG-Systems war zweierlei klar: Zum einen würde kaufmännisches Handeln gefördert wegen der Fallpauschalen und der damit verbundenen Entkoppelung von Behandlungszeit und Vergütung. Zum anderen schwang von Beginn der Verdacht mit, dass so erwirtschafteter Profit zwangsläufig zu Lasten der Qualität gehen müsse – jedenfalls bei den privaten Trägern.

Für Helios-Gründer Lutz Helmig, ein Gefäßchirurg, wissenschaftlich wie ökonomisch begabt, ein charmant-markanter Unternehmertyp, war deswegen klar, dass wir bei Helios von Anfang an Qualität messen und transparent machen würden. So lautete sein ethisch-unternehmerisches Credo. Das DRG-System bot mit den diagnosebezogenen Fallpauschalen eine gute Grundlage dafür. Es galt die Routinedaten, die zur Abrechnung sowieso erhoben und weiterverarbeitet werden, auch zur Evaluation der Qualitätsergebnisse zu nutzen. Ein kluger Schachzug, umgesetzt bei Helios von Thomas Mansky, beginnend schon in der Übergangsphase zum neuen DRG-System. „Das ist keine Atomphysik", so lautete sein etwas flapsiger Spruch. Man traf ihn meist an in seiner „zweiten Wohnung", einem Chrysler Grand Voyager, den er mit Kakaokartons vollpackte, dann damit von Klinik zu Klinik fuhr. Ein Papst des Qualitätsmanagements, etwas eigensinnig, als Mensch sehr liebenswert, jedenfalls ein blitzgescheiter Vorkämpfer zur Messung der Qualitätsergebnisse mit DRG-Routinedaten.

Die Qualitätstabellen hießen bei uns deswegen auch „Mansky-Tabellen". Später wurde sein ähnlich markanter Nachfolger Ekkehard Schuler mit dem Attribut der „Schuler-Tapeten" geehrt. Beide sind Männer der scharfen Zunge und klaren, manchmal auch deftigen Worte, egal bei welcher Gelegenheit. Immer sachbezogen, brachten sie uns und auch der Welt draußen das Thema Qualität in der Gesundheitsversorgung näher, zauberten die ersten Qualitätsberichte und die medizinischen Jahresberichte.

Thomas Mansky als die Koryphäe und ausgewiesener Kenner der Klinikpraxis mit ihren unnötigen Fehlerquellen zeigte sich messerscharf in der Analyse von Qualitätsdaten. In der Diskussion um Ergebnis, Prozess- oder Strukturqualität war er stets ein vehementer Verfechter für das Primat der Ergebnisqualität. „Was nützt es uns", meinte er in einem seiner illustren Vorträge, „wenn der Rettungsring am Strand mit Sand befüllt ist? Wir können ihn dem in Not geratenen Schwimmer so oft zuwerfen, wie wir wollen. Der Schwimmer wird trotzdem untergehen."

Seine Botschaft: Auf den Inhalt kommt es an. Ob der stimmt, zeigt uns das Ergebnis unseres Handelns. Es geht darum, so brachte er unseren Fachgruppen bei, genau die Tracer, also Spuren, zu finden und zu beobachten, die für das Qualitätsergebnis entscheidend sind. Am besten tue man das in der Praxis vor Ort in der Klinik, meinte er, und möglichst in einem kollegialen Kontrollrahmen mit Peers, also ärztlichen Fachkollegen.

So entstand der Qualitätsansatz mit Qualitätsindikatoren aus Routinedaten, verbunden mit tracergetriggerten Peer-Reviews, umgesetzt mit Transparenz im internen wie externen Benchmarking. Bei Tracer-Reviews handelt es sich um detaillierte Untersuchungen von Patientenfällen oder Prozessen, um potenzielle Qualitätsprobleme zu identifizieren. Peer-Reviews werden von Fachkollegen durchgeführt, um die Qualität der Versorgung zu bewerten. Für Deutschland war das revolutionär. Denn in der Vergangenheit war die Qualitätssicherung im Gesundheitswesen weniger systematisch und weniger datenbasiert. Thomas Mansky machte uns mit einem Bild von Dagobert Duck auf Goldmünzen deutlich, welche Erlöse sich mit der besten Qualität erzielen ließen, falls wir es schafften, diese Qualität flächendeckend zu liefern und gut zu erklären.

Die Gretchenfrage zur Profitabilität

Wenn wir das gut machten, so lautete unsere daraus gewonnene Erkenntnis, dann würden wir im Markt überzeugen. Weil Menschen dorthin kommen, wo die Qualität stimmt. Weil der Blick auf die Qualität den Blick auf die Arbeitsabläufe schärft und diese – insbesondere in den Teams und an den fraglichen Schnittstellen – sukzessive zu verbessern hilft. Das führt über die Zeit zu einem besseren Produkt, zu einer auch qualitativ verbesserten Produktivität, zu höherer Profitabilität. Das leuchtete mir schon damals im Jahr 2000 komplett ein, als ich als Quereinsteiger ohne Vorkenntnisse im Gesundheitswesen zu Helios kam. Auf die Frage, wie wir es bei Helios schafften, mit guter Qualität trotzdem so profitabel zu sein, antwortete Thomas Mansky einmal: „Wir haben einen Vorteil, bei uns gibt es keine politischen Ränkespiele." Recht hatte er. Die Realität draußen im Markt war aber härter. Selbstbewusst sind wir diesen Weg konsequent weitergegangen trotz vieler Sackgassen und Umleitungen, die uns dysfunktionale Gesundheitsreformen und politische Kapriolen bescherten.

Es war immer unbestritten, dass niedergelassene Ärzte auf Effizienzen achten müssen. Nicht nur weil im Gesundheitswesen das Wirtschaftlichkeitsgebot gilt, sondern weil diese Kollegen unternehmerisch tätig sind und von ihrem Gewinn leben müssen. Es erscheint daher auch unter ethischen Aspekten völlig in Ordnung, wenn man mit Dienstleistungen im Gesundheitswesen Geld verdient. Das allerdings galt lange Zeit nicht gleichermaßen für Krankenhäuser, weil Krankenhäuser bis zur Einführung des DRG-Systems nach Liegedauer bezahlt wurden. Die Manager der Krankenhäuser waren oft Angestellte oder Beamte aus dem öffentlichen Dienst einer Gemeinde oder eines Landkreises, denen die Aufgabe als Krankenhausdirektor oder Verwaltungsleiter übertragen worden war. Viele davon trafen wir in dieser Rolle noch an, als wir öffentliche Krankenhäuser bei Privatisierungen übernahmen. Der eigentliche Betrieb des Krankenhauses wurde maßgeblich bestimmt von den Chefärzten, diese als Gruppe vertreten durch den Ärztlichen Direktor, und von der Pflegedirektion.

Der Krankenhausdirektor kümmerte sich um die Verwaltung der Einrichtung, addierte über das Jahr die Kosten auf und reichte diese nach Liegedauern weiter an die Kostenträger und - soweit diese nicht erstatteten - an die Kommunen. Synergien und Effizienzen standen nicht im Fokus, Gewinne waren kein Thema, jedenfalls solange die Länder auch die Investitionsbedarfe finanzierten. Das galt im Westen. Im Osten Deutschlands war sowieso alles Staatsaufgabe, die Kosten waren daher genauso wie die Löhne für ambulant Tätige staatsfinanziert.

Über Effizienzfallen in Hamsterrädern

Seit der Einführung des DRG-Systems sind Effizienzen und Gewinne ein (politisches) Dauerthema für die Krankenhäuser geworden - und bis heute geblieben. Die DRG-Fallpauschalen werden jährlich neu kalkuliert auf der Grundlage der tatsächlich angefallenen Kosten der für die Berechnung einbezogenen Kalkulationskrankenhäuser. Zu Beginn wurden für die Kalkulation nur Krankenhäuser öffentlicher Träger einbezogen, seit einigen Jahren sind nun auch Krankenhäuser aus privater Trägerschaft berücksichtigt. Ein kluger Schritt des Gesundheitsministers, denn damit wurden Kliniken mit tendenziell niedrigeren Kosten einbezogen. Das hilft dabei, die DRG-Fallpauschalen insgesamt etwas niedriger zu halten. Das ist konsequent, wenn man bedenkt, mit welchem Ziel die DRG eingeführt wurden: das Risiko weiter steigender Budgets zu minimieren, das bei der traditionellen Kostenerstattung ausuferte. Diese Zielsetzung wurde tatsächlich erreicht. Die deutschen Krankenhäuser haben ihre Arbeitsabläufe nach Einführung der DRG-Fallpauschalen angepasst, sie sind effizienter geworden. Wer besser wirtschaftet als der für die Berechnung herangezogene DRG-Durchschnitt, der macht systemisch erlaubte Gewinne.

Die Kostenexplosion konnte damit also verhindert werden, dennoch kam es zu ungesunden Kostensteigerungen im System. Demotivierend für diejenigen, die sich ins Zeug legten für Synergien, Effizienzen und Kosteneinsparungen. Der Leistungswettbewerb führte zwar zu Verschiebungen innerhalb der Budgets, weil die Patientenströme sich je nach Attraktivität der Standorte veränderten. Eine Gesamtbereinigung fand jedoch nicht statt, weil schlecht aufgestellte Kliniken entweder im Wege der Privatisierung komplett neu aufgestellt oder – regelmäßig bei den öffentlichen Trägern – Defizite von der öffentlichen Hand ausgeglichen wurden. Was im Jahr 2012 die naheliegende Frage aufwarf, ob es sich hier um rechtswidrige Subventionen handelte. Das Europarecht war der Maßstab dafür und die Entscheidungen für den Bereich der öffentlichen Banken waren ein Anlass, nachzufassen.

Im Sommer 2013 saßen wir in Berlin beim Bundesverband der Privatkrankenanstalten zusammen. Manager der Klinikträgergruppen tagten gemeinsam im Bundesvorstand. Man tauschte sich aus. Wir waren der Auffassung, dass die Subventionierung der öffentlichen Häuser durch die Kommunen und Landkreise aus öffentlichen Kassen eine unlautere Wettbewerbsverzerrung darstellte, für die es keine valide Rechtfertigung gibt.

Wir ließen diese Frage an zwei Beispielsfällen in Baden-Württemberg (Calw und Nagold) durch Gerichte klären. Der Musterprozess zog sich über mehrere Jahre und ging durch alle Instanzen. Die Frage wurde zuletzt zugunsten der Praxis des öffentlichen Defizitausgleichs entschieden. In den Gründen argumentierten die Richter wie folgt: Durch den auf Ebene der Bundesländer jeweils vollzogenen Akt der Aufnahme in den Krankenhausplan sei zugleich gesetzlich festgelegt worden, dass die im Plan aufgenommenen Krankenhäuser für das Land eine öffentliche soziale Aufgabe wahrnähmen. Hieraus ergebe sich ein sozialer Versorgungsauftrag der Plankrankenhäuser, aus diesem folge die Sicherstellungspflicht der öffentlichen Hand, was wiederum den Defizitausgleich bei Plankrankenhäusern rechtfertige. Angesichts dessen seien die in Frage stehenden Subventionen aus dem Beurteilungskreis des Wettbewerbsrechts ausgenommen. In anderen Worten: Die an im Krankenhausplan enthaltene Kliniken in öffentlicher Trägerschaft geleisteten Subventionen wurden nach Sicherstellungsauftrag für rechtens erklärt. Die Richter wiesen am Rande darauf hin, dass die Subventionspflicht eigentlich den träfe, der die Plankrankenhäuser mit dem Sicherstellungsauftrag betraut habe, mithin die Bundesländer. Diese könnten diese aber weiterdelegieren. Und sie deuteten an, dass es für diese Einschätzung nicht auf den Träger des Krankenhauses ankomme, sondern allein auf den jeweiligen Beleihungsakt mit Aufnahme des Krankenhauses in den Krankenhausplan. Das führte bei den Bundesländern in der Folge zu einigen lautlosen gesetzgeberischen Aktivitäten. Dort, wo eine entsprechende Sicherstellungspflicht noch nicht auf die Gebietskörperschaften übertragen worden war, erfolgte dies ordnungsgemäß. Ansonsten hätte nämlich die Gefahr bestanden, dass Landkreise oder Kommunen die Anträge ihrer Kliniken auf Defizitausgleich schlicht an das Bundesland weiterreichten mit dem Vermerk „Ausgleich Bundesland an Krankenhaus". Wirklich bemerkenswert!

Kommt der Defizitausgleiche für alle?

Ein Déjà-vu ereilte mich knapp zehn Jahre später im November 2023, als ich von einem Aufruf unter dem Motto „Alle Krankenhäuser fair finanzieren" las, mitten im Streit um die aktuelle Gesundheitsreform, vor allem veranlasst durch den hierbei kollateral zugelassenen Insolvenzbooster. Die kirchlichen, freigemeinnützigen und privaten Träger stellten nun gemeinsam fest, dass der Defizitausgleich bei Kliniken öffentlicher Träger gegen die gesetzliche Trägerpluralität und den einhergehenden Gleichbehandlungsgrundsatz verstoße. Sie argumentierten unter Vorlage von Rechtsgutachten, dass dies im Grunde eine unzulässige Wettbewerbsverzerrung bedeutete, jedenfalls solange nicht alle Träger künftig eine auskömmliche Finanzierung zur Defizitvermeidung erhielten.

Wie wäre es also, wenn wir den Defizitbuchungssatz künftig einfach auf alle Träger erweiterten? Dann könnte künftig auch jede Klinik in privater Trägerschaft beim Bundesland aufgrund dessen Sicherstellungsauftrags als Plankrankenhaus den Defizitausgleich fordern. Das wäre zumindest eine mögliche Schlussfolgerung nach Analyse der einschlägigen

Gerichtsentscheidungen – und jedenfalls ein interessantes Denkmodell. So weit wollten wir im BDPK-Vorstand damals im Jahr 2013 noch nicht gehen. Es gab auch keinen Anlass, solange Kliniken profitabel geführt werden konnten. Angesichts der nun erwarteten Insolvenzbooster durch die derzeitige Politik drängt sich das Thema indes erneut auf. Die durch die derzeitige Praxis benachteiligten nichtöffentlichen Träger postulieren, dass Subventionen jedenfalls kein regelhaftes Finanzierungsinstrument werden dürften, fordern also nicht etwa Subventionen für alle, sondern eine für alle Trägergruppen gleiche auskömmliche Finanzierung, also mehr Geld für alle. Andernfalls würde der Anspruch auf Gleichbehandlung bei Defizitausgleich vor Ort gerichtlich eingefordert werden. Da ist er: der Zaunpfahl, mit dem nun auch die Freigemeinnützigen und Privaten kräftig winken!

Im Kern ergeben sich daraus zwei Alternativen: Entweder das Finanzierungssystem sieht ein geregeltes Ausscheiden defizitärer Krankenhäuser vor. Oder es wird über Kostenerstattungen so viel Geld ins System gepumpt, dass keiner mehr defizitär werden kann.

Aus Ungleichbehandlung einen Wettbewerbsvorteil machen

Werfen wir einen Blick über den geografischen Tellerrand: Ganz anders traf es nämlich die Kollegen in Frankreich mit der Einführung der DRG. Die privaten Kliniken sind dort in der Regel entstanden aus den Kliniken von Belegärzten, die sich zusammentaten. In diesen Kliniken sind – wie in Spanien – ambulante und stationäre Behandlungen möglich. Bei der Einführung des DRG-basierten Vergütungssystems wurden auch dort die damaligen Kostenstrukturen der Kliniken als Kalkulationsbasis herangezogen. Mit einem wesentlichen

Unterschied: Als die Kalkulatoren die abweichenden Kostenstrukturen bei öffentlichen und privaten Klinikträgern entdeckten, wurde für die Überführung in das DRG-System festgelegt, dass private Klinikträger mit einer niedrigeren DRG-Vergütung einbezogen werden.

Im Sommer 2022 diskutierte ich das – zum wiederholten Male – mit französischen Kollegen. Wir interessierten uns damals – nachdem wir uns 2016 in Spanien verstärkt hatten – für weitere europäische Märkte, stellten relevante Benchmarkdaten zusammen im Austausch unter Kollegen. Das hat sich bewährt, europäische Freundschaften geschaffen und zudem Beraterkosten gespart. In Frankreich war mein Austausch federführend mit Thierry Chiche, damals noch CEO von Elsan, der zu dieser Zeit zweitgrößten privaten Klinikengruppe in Frankreich. Wir hinterfragten die Rechtmäßigkeit der Ungleichbezahlung und wir diskutierten mit den Kollegen über den Wettbewerb mit Kliniken, die für die gleiche Leistung eine höhere Vergütung erhalten. Seine nüchterne Antwort: „Wir sind dadurch noch effizienter und innovativer geworden." Statt einen politischen Kampf auszufechten, der in Frankreich sowohl rechtlich als auch gesellschaftlich verloren gegangen wäre, habe man sich noch stärker auf die Verbesserung der Arbeitsabläufe konzentriert, auf die Qualität und den Service. Und zudem versucht, entlang der Patientenreise neue, angrenzende Felder zu erschließen und klug zu bedienen. Er schilderte ein Projekt, in dem Praxismodule für den Aufbau und den Betrieb von kleinen Arztpraxen in Einkaufszentren, Apotheken oder Fußgängerzonen von großen Innenstädten entwickelt wurden. Er berichtete auch darüber, wie Patienten zu Themen der Vorsorge und Nachsorge aktiv angesprochen wurden, beispielsweise nach Algorithmen mit Zugriff auf die elektronische Patientenakte. Diese überprüfen, ob Patienten in eine bestimmte Altersklasse zur empfohlenen Vorsorge gehören, und verifizieren, ob eine solche erfolgte. Wenn nicht, geht eine Nachricht an die Betroffenen mit dem Angebot für eine Untersuchung.

In solchen Gesprächen wurde mir klar, wie weit sich der deutsche Markt in den letzten zwei Jahrzehnten selbst vom europäischen Umfeld abgekoppelt hatte. Ich fragte die Kollegen, ob es nicht sinnvoll wäre, das Gesundheitswesen künftig mehr auf europäischer Ebene zu denken und sich dort sogar gemeinsam zu engagieren. Eine von zahlreichen strategisch visionären Überlegungen, die bei einigen Experten auf dem Tisch liegen, in Deutschland bislang aber kaum vorangebracht werden. Dabei sind die Themen inhaltlich, um es mit Thomas Manskys Worten zu sagen, keine Atomphysik. Wie es auch das profitable Krankenhaus nicht ist.

Fakt ist: Deutschland tut sich schwer mit profitablen Krankenhäusern. Dabei könnte alles so einfach sein.

Synergien und Effizienzen finden ihre Grenzen

In Deutschland ist die Realität über Synergien und Effizienzen ernüchternd. Synergien und Effizienzen bringen Gewinne für die Akteure, die mit dem Budget sorgfältig umgehen. Sie sind auch eine konsequente und gewollte Folge des Wirtschaftlichkeitsgebots, befördert durch Vergütungssysteme. Synergien und Effizienzen sind gesundheitsneutral, sie bedeuten lediglich einen besseren Umgang mit Ressourcen. In der Praxis führen sie bei der Umsetzung aber häufig zu Widerständen. Zum einen, wenn mit ihnen eine Arbeitsverdichtung für Beschäftigte verbunden ist oder eine Änderung gewohnter Abläufe, beides empfunden als Gängelung der Therapiefreiheit und Handeln gegen „gefühlte Qualität“. Zum anderen, wenn damit Ressourcen – insbesondere Personal – eingespart wird oder die bisherigen Aufgaben und Tätigkeitsfelder etablierter Berufsgruppen wesentlich verändert werden oder gar künftig ganz wegfallen. Synergien und Effizienzen finden dann und da ihre Grenzen, wo die Widerstände gegen eine Veränderung größer sind als die Chancen der Umsetzung.

Akzeptanz finden sie meistens dann, wenn sie an anderer Stelle schon erfolgreich erprobt wurden. Wenn es positive Erfahrungswerte gibt, die authentisch und glaubwürdig vermittelt werden. Dem steht häufig im Wege, dass insbesondere im Gesundheitswesen die Sensibilität groß ist und deswegen die Aufmerksamkeitsschwelle sehr niedrig liegt, das Aufregungspotenzial aber regelmäßig rasant ansteigt. Weil sich Betroffene an Politik oder Medien wenden, dort meist Gehör finden, gefolgt von Medienberichten und Reputationsschäden, verstärkt heutzutage durch die sozialen Medien. Hieraus ergeben sich unterschiedliche Effizienzspannen bei den Trägern: wenig Spielraum bei öffentlichen Trägern, mehr bei kirchlichen, den größten meistens bei privaten Trägern. Und doch stoßen auch private Träger an Grenzen. Synergien und Effizienzen im Gesundheitswesen finden ihre Grenzen in medizinischen Notwendigkeiten und Strukturvorgaben. Diese Mindeststandards dominieren stets die Fixkosten.

Episode #5
Wir müssen von jedem fordern, was er leisten kann

Wir beamen uns zurück in den deutschen Herbst 2008 an den Küchentisch in Berlin. Der Abend bei Karl Max Einhäupl wird etwas länger, weil ich meine drei Kerngrößen und meine Kennzahlen erläutere. Ich blicke also auf die Erlöse, auf die Kosten und auf die Produktivität. Ohne auskömmliche Erlöse werden Kliniken im DRG-System nicht dauerhaft überleben. Es gilt, dafür konkret auf die Zahl der Patienten und die Komplexität der Behandlungen zu achten, denn sie bestimmen heute die Erlöse. Hinzu kommen Stellparameter wie die ideale Dokumentation, eine intelligente Beachtung von Zuschlägen auf die Pauschalen für bestimmte Leistungen und die Verweildauern. Wichtig ist, insgesamt attraktiv zu sein für Patienten durch die Reputation (in der Regel durch glaubwürdige Qualität), die Lage (in der Regel wohnortnah) und ein ansprechendes Serviceumfeld. Das fand Karl Max Einhäupl gut, in Sachen Reputation musste sich die Charité tatsächlich nie Gedanken machen.

Einfache Regeln und Transparenz schaffen Vertrauen

Wer bei gleichem Personalschlüssel Erlöse steigern kann, der macht sich auf den Weg zur Profitabilität. Das stimmte ihn etwas nachdenklicher. Schließlich gilt es – meiner schwäbischen Erziehung entsprechend –, überall, wo möglich, Kosten zu sparen oder zu minimieren. Bei der Erreichung dieses Ziels helfen uns Größe, Standardisierung, ein zentraler Einkauf, ein gutes Kostencontrolling, Benchmarks durch Peers oder eigene Auswertungen. „Da sind wir auf dem Weg", murmelt er, „aber viele Bäume noch und kein Wald." Schließlich gilt es die Produktivität zu steigern. Diesbezüglich bringt es aber nichts, die Dinge einfach anzuordnen. Beispielsweise mehr Patienten zu behandeln mit dem gleichen oder weniger Personal. Solche Hamsterräder sind demotivierend und höchst gefährlich. Es braucht dafür Übersetzer und Hilfestellungen. Als Übersetzer dienen uns andere im Konzern, die das schon geschafft haben. Die Hilfestellung erfolgt, indem die Erfolgreichen das erzählen, was sie getan haben, um dorthin zu kommen, wo sie heute sind. Wir nutzen dafür technisch eine Handvoll Kennzahlen (KPI) und gehen vor Ort in die Kliniken, um beim nötigen Verständnis für und bei der Übertragung auf die dortigen Verhältnisse vor Ort zu unterstützen. In der Regel hat das bis heute sehr gut funktioniert. „Das wird bei Unis vermutlich der schwierigste Teil", meint mein Gastgeber, „zumal wir noch die Besonderheiten von Forschung, Wissenschaft und eine bis heute ungelöste Trennungsrechnung für die Zuordnung von Kostenpositionen haben." Stimmt! Nach vielen Stunden intensiver Diskussion verabschieden wir uns.

„Ich wollte nicht auf seinem Stuhl sitzen", denke ich mir im Taxi auf dem Weg nach Hause. Ich schaue mir noch rasch die aktuellen Auswertungen zu unseren fünf Top-KPI an, da am nächsten Morgen eine interne Sitzung ansteht zur Qualität nach Mansky-Tabellen aus unserem neuen Managementcockpit: Fallzahlen und Bewertungsrelationen in jeweiligen Leistungsschwerpunkten. Verweildauer, Ausreißer bei den Verweildauergrenzen. Die Benchmarks zu den Sachkosten. Die Benchmarks zu den Personalkosten, insbesondere die Gewichtung der Pflegevollkräfte nach Bewertungsrelation. Der Rest ist Rechenwerk. Profit oder kein Profit. Ein Blick noch am Bett auf die begleitenden Rahmenbedingungen: Forderungsreichweiten, Cashflow, Investitionen, Fördermittel, Zinsen und Steuern. Viele Zahlen, ja. Aber keine Atomphysik!

Erfolg braucht Emotionen, Integration braucht Empathie

„Welche Vision haben Sie denn für uns?", fragt uns eine Krankenschwester bei unserer Vorstellung nach dem Erwerb des Städtischen Klinikums in Krefeld. Wir stehen im großen Hörsaal des Hauses, es ist Oktober 2008. DIE ZEIT berichtet darüber mit der Schlagzeile „Hart und locker". Ich zitiere aus „Der kleine Prinz" von Saint-Exupéry, dort heißt es: „Man kennt nur die Dinge, die man zähmt." Und ich füge an: „Die reine Organisation ist im Krankenhaus ähnlich wie in der Industrie." Ich hätte dem Auditorium besser ein viel passenderes Zitat des kleinen Prinzen mitgeben sollen: „Wir müssen von jedem fordern, was er leisten kann."

Kurze Zeit später wurde darüber berichtet, dass mich die Chefärzte als „Der Pate" titulierten. Und dass Hans Butzen, der SPD-Vertreter im Aufsichtsrat des Krefelder Klinikums und erklärter Privatisierungsgegner, meine in einer Aufsichtsratssitzung unbesockten Füße bemängelte. Später habe ich mich dazu mit Hans Butzen zusammengesetzt. Ihm war das peinlich. Wir fanden eine kollegiale gute Ebene für die Zusammenarbeit. Was im Krefelder Umfeld nicht einfach war. Auf die Frage, was mein Ziel wäre, griff ich auf eine Geschichte zurück, die mir ein Taxifahrer erzählt hatte. Er meinte, es gebe in Krefeld Menschen mit Zetteln im Portemonnaie, auf denen in großen Lettern stünde: Bei Unfall bitte nicht ins Städtische Klinikum einliefern! „Diese Zettel müssen verschwinden", so definierte ich das Ziel, und das war der erste KPI für diese Klinik.

Es ist Helios in Krefeld gut gelungen mit sachbezogen und agil zusammenarbeitenden Teams und motivierten Leuten vor Ort.

Auf die Einstiegsfrage der Krankenschwester zu Visionen brachte mein für die Region verantwortlicher Kollege ein Zitat, das Helmut Schmidt zugeschrieben wird: „Wer Visionen hat, sollte zum Arzt gehen." Passend für die Politik genauso wie für den von Pragmatismus geprägten Klinikalltag. Dennoch war mir damals mulmig beim Gedanken: Wo soll sich künftig unser Gesundheitssystem hin entwickeln, wenn es keine Visionäre mehr gibt?

Wir haben eine Klinik nach der anderen übernommen. Eine nach der anderen integriert. Etwa die Hälfte selbst aus den eigenen Privatisierungen. Die andere Hälfte im Rahmen der Konsolidierung des deutschen Marktes, wo wir kleinere Gruppen wie Humaine oder Damp aufkauften oder größere Gruppen wie den Großteil der Rhön-Klinikum AG übernahmen. Das geschah bis 2014. Danach folgten nur noch vereinzelte Übernahmen, häufiger in Versorgungsclustern, die exakt zu unserer Netzwerkstrategie passten, nunmehr von freigemeinnützigen Trägern – zuletzt von den Maltesern oder einem DRK-Verbund. Diese verabschiedeten sich von ihren Kliniken in Erwartung schlechterer Zeiten. Sie wollten nicht in die Lage kommen, wie wir sie bei den zunehmenden Insolvenzen von Kliniken seit 2023 täglich beobachten können. Bei all diesen Übernahmen bestand die wichtigste Aufgabe darin, die neuen Kliniken in unseren Verbund so zu integrieren, dass sie eine neue Heimat finden und sich motiviert einbringen in unsere gemeinsame Zukunft.

„Warum?" oder „Bis wann?"

Leicht gesagt, aber nicht leicht getan. Wir hatten dazu Integrationshandbücher und Kommunikationshilfen. Entscheidend waren aber jeweils die handelnden Personen – und das auf beiden Seiten. Es gab in der Regel Integrationsteams mit Menschen, die selbst schon einmal übernommen worden waren, eigene Erfahrung mitbrachten, berichten konnten, wie sich das anfühlt. Die Ängste der Kollegen einschätzen und empathisch abfedern konnten, darum ging es.

Keine einfache Aufgabe, selbst wenn man sich im gleichen Kulturkreis bewegt. In Deutschland gibt es unterschiedliche Mentalitäten. Wir haben bei den Integrationen erhebliche Unterschiede festgestellt zwischen den alten und den neuen Bundesländern. Zwei Jahrzehnte lautete die erste Frage bei der Umsetzung von Veränderungen im Westen „Warum?", die erste Frage im Osten „Bis wann?".

Eine Herausforderung gänzlich neuer Art ergab sich, als wir uns an die Integration einer im Jahr 2016 übernommenen Klinikkette in Spanien machten. Die Spanier schätzten an uns die Fokussierung auf Qualität und den Effizienzvorsprung. In anderen Bereichen lagen die Spanier eindeutig vorne: Service, Digitalisierung, Attraktivität für Beschäftigte und Patienten, Agilität in der Leistungserbringung. Kein Wunder, wenn man weiß, dass die Standorte dort über 16 Mio. ambulante Fälle jährlich behandeln. Undenkbar für deutsche Verhältnisse. In Spanien leisten Kliniken beispielsweise in der Kategorie unserer Grund- und Regelversorger zusätzlich zum stationären Geschäft noch das gesamte ambulante Spektrum, manchmal über 2000 ambulante Behandlungen täglich. Erbracht in arbeitsteiligen Strukturen durch Belegärzte mit einer meist lokalen Teamkombination von Krankenschwester, Pflegehelfer und Serviceassistenz. Da passte unser bewährtes deutsches KPI-Muster nur bedingt. Auch die Schwerpunkte waren nicht so einfach übertragbar. Weshalb ich für die Integration der Spanier fünf einfache Regeln aufstellte:

1. No German tanks to Spain.
2. Respect and work in their culture and tradition.
3. Go for big values and not for excel sheets.
4. Do not intervene but help them do what they can.
5. Give examples and do not overrule their way to do it.

Das entsprach meinem gemeinsamen Grundverständnis mit dem spanischen Gründer, einem klugen Mann aus Asturien. Achtet auf deren Kultur und respektiert diese bei der Arbeit. Schaut nach den Projekten, die hohe Werte schöpfen können, und haltet euch zurück mit den Excel-Tabellen. Greift nicht ein, sondern bietet intelligent Hilfe an, damit die spanischen Kollegen ihre Arbeit gut machen können. Seid Vorbilder, aber mischt euch nicht ein bei der Art, wie die Kollegen die Dinge tun. Fünf einfache Regeln. Aber gar nicht so einfach einzuhalten. Wir hatten ein kleines Steuerungsteam, um zu vermeiden, dass plötzlich eine Vielzahl deutscher Kollegen in den spanischen Kliniken aufschlagen und dort für Aufregung sorgen könnten.

Keine deutschen Panzer bitte

Trotzdem hatten wir im Vorfeld in Deutschland zahlreiche aus unserer Sicht zentrale Projekte identifiziert und Excel-Sheets mit Projektplänen befüllt. Im ersten gemeinsamen Treffen nach der Übernahme spürte ich, wie sehr die spanischen Kollegen unter diesem Vorgehen litten. Also habe ich das dort direkt hinterfragt und schließlich die Projektliste vom Tisch genommen. Sie blieb für mich zwar ein Werkzeug der Wiedervorlage und des Nachfassens, wurde aber nicht zur Basis der Integration. „Keine deutschen Panzer bitte", so die klare Botschaft. „Und stresst uns nicht permanent mit Fristen, ohne zu verstehen, weshalb wir anders priorisieren", äußerte der Chief

Operation Officer damals bei der Neuvergabe von Laborbedarfen, die für beide Kosteneinsparungen brachte. Die Integration wurde insgesamt ein Erfolg. Spanien ist sehr gesund gewachsen. Der Erfolg einer Integration hängt von den handelnden Menschen ab, deren Rollen, Stil und Umgangsformen. Diese ändern sich über die Zeit. Integration ist deshalb nie zu Ende. Sie ist eine Daueraufgabe. Es braucht dafür Vertrauen.

Einfache Regeln schaffen Vertrauen – und neue Feinde

Einfache Regeln und Transparenz sind nicht nur wichtig für die Integration neuer Kliniken. Sie sind auch ein Muss für den Kapitalmarkt. Denn sie schaffen Vertrauen und Verlässlichkeit. Im Jahr 2004 standen wir bei Helios vor der weichenstellenden Frage, wie unser weiteres Wachstum am besten finanziert werden könnte. Wir bereiteten uns auf alle möglichen Szenarien vor, auch auf einen möglichen Börsengang. Federführend dafür war der damalige Finanzchef, er war der Architekt einer genialen Kommunikationsidee für den Kapitalmarkt. Er führte uns durch die Bewertungen wesentlicher Ratingagenturen. Er liebte es immer konkret und pragmatisch. Daher entwickelte er aus den bekannten Zahlen der Jahre seit Gründung von Helios rückwärts ein Modell, wie sich die jeweils konkret erreichten operativen Ergebnisse in eine möglichst einfache Zahlenfolge fassen ließen. Wir nannten es damals noch den Sanierungsplan. Wir setzten uns zum Ziel, die an uns übertragenen – in der Regel insolvenzgefährdeten – Kliniken innerhalb von fünf Jahren zu einer EBITDA-Marge von 15% zu „sanieren“. Das in Dreierstufen, also 3% – 6% – 9% – 12% – 15%. Komplette Transparenz. Griffig, klar, überprüfbar. Für uns nicht nur eine einfache Story für den Kapitalmarkt, sondern der auch intern maßgebliche Orientierungsrahmen für die jährlichen Diskussionen zur Wirtschaftsplanung der einzelnen Kliniken sowie der gesamten Gruppe. Der Sanierungsplan gefiel ab 2006 auch unserem neuen Eigentümer Fresenius für die Darstellung und Erläuterung des Helios-Geschäftsmodells im Kapitalmarkt.

Im Gesundheitsmarkt hat uns diese Transparenz Feinde gebracht, da wir für den gesamten Wettbewerb damit einen ambitionierten Rahmen gesetzt hatten. Und auch die Gewerkschaften hatten ein neues griffiges Feindbild. Sie nahmen die Zahlenfolgen zum Anlass, medial das System Helios zu beklagen, brachten hier und da zwar die Kenngrößen EBITDA und EBIT durcheinander, insgesamt war die Botschaft aber für alle klar. Wir haben weiter umgesetzt, Kliniken zu dem gebracht, was sie leisten konnten. An die Stelle des Sanierungsplans trat später dann der Reorganisationsplan, schließlich der Entwicklungsplan. Wir wollten damit besser ausdrücken, dass eine Sanierung nur möglich ist, wenn die Kliniken – auch investiv – weiterentwickelt werden. Mit der Zeit erfolgte eine Anpassung an die bei Fresenius relevanten EBIT-Margen und eine sechsstufige Reihe mit Zweiersprüngen, nun also 2% – 4% – 6% – 8% – 10% – 12%. Noch bei Übernahme der Rhön-Kliniken im Jahr 2014 waren diese Zahlenreihen eine gute Orientierung für die Benchmarks zur Einordnung und Integration der bisher zu Rhön gehörenden Kliniken.

Später, mit unserer Expansion nach Spanien, verlor der Kapitalmarkt das Interesse an dieser Sicht, zumal nahezu alle deutschen Helios-Kliniken mittlerweile am Margenziel angekommen waren. Heutzutage gelten neue Margenbänder, die mit den Zahlenreihen kaum vergleichbar sind, weil seit 2019 ein wesentlicher Teil des DRG-Budgets – nämlich der gesamte Pflegedienst – ausgegliedert wurde. Dieser ist seitdem nicht mehr Teil der Kostenkalkulation für die DRG-Fallpauschale, sondern wird gesondert im Wege einer Erstattung testierter

Kosten abgebildet, stellt damit also einen durchlaufenden Posten dar, der nicht mehr „profitabel organisiert“ werden kann.

Was ich möchte, ist nicht das, was ich brauche

Die drei ökonomischen Basisfaktoren Erlöse – Kosten – Produktivität gelten bis heute unverändert. Sie sind seit der Ausgliederung des Pflegebudgets aber anders zu bedienen.

Nach der Bundestagswahl 2013. Jens Spahn und Karl Lauterbach führen für ihre jeweilige Partei die Koalitionsverhandlungen beim Thema Gesundheit. Ich treffe Jens Spahn im Restaurant des Bundestages, einige Jahre also noch bevor er selbst Gesundheitsminister wird. Er ist zu diesem Zeitpunkt der maßgebliche Mann für Gesundheitsthemen bei der CDU, nachdem Karl Lauterbach im Jahr 2001 von der CDU zur SPD gewechselt war. Jens Spahn zeigt sich freundlich, widmet dem Umfeld indes fast größeres Interesse als dem Gespräch mit mir. Es kommt dieser und jener an den Tisch, um zu grüßen und politische Netze zu knüpfen. Ich fühle mich nicht wohl, mit meinen Sachthemen zu wenig ernst genommen. So ist Politik, sage ich mir. Und mache freundliche Miene zu einem wohl vergeudeten Termin.

Jens Spahn war schon damals ein Akteur, der Stimmungen im Umfeld früh wahrnahm und allfällige Opportunitäten zu seinem politischen Vorteil zu maximieren verstand. Einer mit klarem Blick für das Richtige, so mein Eindruck. Er blieb mir menschlich wie politisch trotzdem fremd. Denn zu oft hat er das Richtige geopfert für opportunistische Politik. Zum Beispiel, als er die Ausgliederung des Pflegebudgets aus den DRG entschied, damit die Spielräume für gutes Wirtschaften im Krankenhaus einschränkte, gleichzeitig einen wahren „Run“ auf ohnehin schon knappe Pflegekräfte auslöste.

Der Druck dazu kam von den Gewerkschaften und aus breiter medialer Öffentlichkeit. Die Gewerkschaften hatten sich mittlerweile unter den beiden Franks, Frank Ulrich Montgomery und Frank Bsirske, zu maßgeblichen Größen im Gesundheitswesen etabliert. Sie setzten eine strikte Gewerkschaftspolitik auf, die vor allem auf die Zahl der Mitglieder blickt, weil diese für die politische Stärke und die Streikkassen bedeutsam ist. Die beiden Franks machten das Arbeitsumfeld in deutschen Krankenhäusern zu einem medialen Dauerthema. Spielten das innovativ, intelligent und klug. In einer Branche, die früher gewerkschaftlich kaum beachtet war. Streiks heutiger Prägung waren früher undenkbar im Gesundheitswesen, weil ethisch fragwürdig.

Ich hatte ein gutes Verhältnis zu Frank Ulrich Montgomery. Im Gegensatz zu Frank Bsirske, zu dem ich keinen Draht fand. Aber sein Verhandlungsteam zeigte sich klug, sachorientiert, ehrlich. Insgesamt war die neue Entwicklung schlecht fürs Gesundheitswesen. Die beiden Franks haben es geschafft, die Arbeitsmarktpolitik vor Themen der Gesundheitspolitik zu setzen. So entstand der Eindruck, dass eine gute Gesundheitsversorgung zwingend zusätzliche Ärzte und Krankenschwestern braucht. Die eigentliche Krux ist, dass wir in Deutschland zu viele Krankenhäuser haben und dadurch die vorhandenen Ressourcen nicht zum Einsatz kommen, wo sie am dringendsten gebraucht werden. Dieser Zusammenhang ging unter, in der Politik wie in den Medien. Eine fatale Entwicklung, es gingen Zeit, Vertrauen und Glaubwürdigkeit verloren.

Botox für das Gesundheitswesen

Die Situation in der Pflege war also ein politisch gesetztes Dauerthema, das DRG-System nun unter Druck. Und das alles kulminierte im Jahr vor der Pandemie. Jens Spahn, inzwischen

Bundesgesundheitsminister, entschied sich für eine Maßnahme, die ich als Botox für das Gesundheitswesen kommentierte. Weil sie nichts besser machte, sondern nur das zu überdecken versuchte, schöner aufspritzte, was bittere Wahrheit ist. Die Beschäftigten in den Kliniken erlebten seit Einführung der DRG zwar eine Arbeitsverdichtung, weil mehr Patienten in kürzeren Verweildauern behandelt werden mussten. Seit 2016 gehen die Fallzahlen im Bundestrend tatsächlich aber zurück. Und doch gab es eine Fülle anekdotischer Belege, glaubwürdig vorgetragen von Menschen, die pflegen, und von solchen, die in Kliniken gepflegt werden, die von einer systematischen Überlastung des Klinikpersonals berichteten. Rational anhand der Zahlen nicht immer nachvollziehbar, emotional und aus der individuellen Perspektive betrachtet durchaus, verstärkt noch durch Gewerkschaften, Berufsverbände und (soziale) Medien. Politisch brachte dies in der Tat ein Bündel an Argumenten, dieser Stimmung schließlich für 2019 ein Ventil zu geben. Einen Einstieg in politische Korrekturen des DRG-Systems loszutreten.

Daher war die Entscheidung von Jens Spahn politisch nachvollziehbar: Eine bewusste Abkehr von der Budgetierung nach Diagnosen mit Fallpauschale und eine Rückkehr zur Kostenerstattung für eine Berufsgruppe: die Pflege. Ein Rückschritt aber für deutsche Krankenhäuser, die in fast zwei Jahrzehnten seit der DRG-Einführung die Arbeitsabläufe in der Pflege relevant verändert hatten, um die Pflege einerseits von pflegefremden Tätigkeiten zu entlasten, andererseits einen neuen Weg für das Berufsbild der Pflege der Zukunft zu finden. Es wurden Modelle zur Arbeitsteilung entwickelt zwischen Pflegenden und Assistenzen, sei dies bei der Bestückung der Stationen, dem Transport von Patienten, der Reinigung von Betten auf der Station, der Aufnahme von Essensbestellungen und für Services. Es wurde ein Weg gefunden in Richtung einer verbesserten Arbeitsteilung. All das war in dem Augenblick vom Tisch, als nun die Entscheidung fiel, das Pflegebudget aus den DRG auszugliedern.

Das Streben der Krankenhäuser in Deutschland wurde nach der Ausgliederung des Pflegebudgets aus dem DRG-Kontext sofort darauf gerichtet, möglichst viele examinierte Pflegekräfte auf jeweiligen Kostenstellen darzustellen und ggf. unverzüglich (neu) einzustellen. Da in Deutschland zu wenig Arbeitskräfte verfügbar waren, wurden ausländische gewonnen. Es sprossen Agenturen wie Pilze aus dem Boden, die im Ausland Personal rekrutierten. Das dauerte. Also wurden die vorhandenen Pflegekräfte beworben mit Prämien, Boni, einem Bündel an Wohlfühlelementen. Hinzu kamen höchste Tarifabschlüsse, denn die Tarifsteigerungen konnten nun ja an das Pflegebudget weitergereicht werden. Manche wechselten aus der Altenpflege, wo sie nun fehlen. Während das Wettbieten um Pflegekräfte schon fast skurrile Züge annahm, wurde das Ziel einer größeren Arbeitszufriedenheit kaum erreicht. Im fünften Jahr nach Ausgliederung des Pflegebudgets hat sich wenig verbessert, die kritischen Stimmen sind geblieben und das, obwohl fast überall mehr Pflegekräfte eingestellt wurden.

Auf Dauer ist diese Botoxpolitik nicht gut. Sie tötet die Elastizität, die der Haut genauso wie die der Gesellschaft. Das Gewebe wird nicht trainiert, sondern zur Maske. Das mag eine Zeit lang gut aussehen. Echte Erneuerung und Frische bringt es aber nicht.

Die Kalkulatoren in den Ministerien und Behörden rauften sich die Haare. Wie kann es sein, hinterfragten sie die Kostenaufstellungen der Kliniken, dass die Kosten für den Pflegedienst seit 2019 so viel stärker steigen als die anderen Kosten in Krankenhäusern? Wie kann es sein, hinterfragten die Krankenkassen, dass sich im Pflegebudget nun so viele Menschen wiederfinden, die nur assistieren und gar nicht pflegen? Daraus entwickelte sich ein Streit, der dazu führte, dass die Krankenkassen den Kliniken über drei Jahre hinweg den Abschluss neuer Vereinbarungen zum Pflegebudget verwehrten; einer der Auslöser für Liquiditätsprobleme und erste Insolvenzanträge.

Kastration des DRG-Systems führt auf falsche Fährte

Politisches Botox bestimmt heute auch das Handeln von Karl Lauterbach. Ein weiterer riskanter Ansatz. Wir wissen, dass wir in Zukunft bessere ambulante Strukturen benötigen werden, diese flächendeckend und telemedizinisch vernetzt. Dazu braucht es Agilität und Wettbewerb. Es wird Regionen geben, wo Klinikstandorte künftig als allgemeine Gesundheitszentren einen Großteil ambulanter Aufgaben übernehmen und den organisatorischen Rahmen hierfür bilden. Es wird innovative Gesundheitskioske oder Gesundheitsboxen geben, die unter Verantwortung der Kommunen und Landkreise eine Anlaufstelle für ambulante Notfälle sicherstellen, möglicherweise Lotsenfunktion in Versorgungsclustern übernehmen können. Es wird aber auch große ambulante Gruppen geben, die sich aus der heutigen MVZ-Struktur entwickeln und innovative ambulante Versorgung auch dahin bringen können, wo schon heute kein Arzt mehr ist. Es erscheint mir daher weder logisch noch zielführend, die MVZ-Optionen nun auf eine in Kilometer Entfernung von Krankenhäusern zu messende Größe zu determinieren und deren Leistungsspektrum dann auch noch zu begrenzen. Das wäre der falsche Weg, zumal es sich hier quasi um ein ordnungspolitisches Instrument handelt, um die in Deutschland generell unliebsamen Finanzinvestoren aus dem Markt zu drängen.

Gleiches gilt für die in Karl Lauterbachs Kopf herumspukende Idee einer weitergehenden „Kastration" des DRG-Systems hin zum Prinzip der Kostenerstattung. Die Ausgaben würden dann explodieren, das hat seit 2019 die Entwicklung des Pflegebudgets nach dessen Ausgliederung aus dem DRG-System bewiesen. Es werden die Nachfolger der beiden Franks kommen und – wie schon lanciert – ebenfalls eine künftige Ausgliederung des Ärztebudgets aus dem DRG-System einfordern. Alle sind also wiederum auf dem Weg zur Maximierung der eigenen Opportunitäten. Keiner denkt an die Folgen. Die Kostenanforderungen des Gesundheitssystems werden sich, schreibt man die über die vergangenen Jahre zu beobachtende Entwicklung fort, sukzessive auf einen Anteil von über 20% am gesamten deutschen BIP auftürmen. Alles unter dem Label eines besseren Gesundheitswesens. Das aber würde sich verschlechtern. Das deutsche Gesundheitswesen wäre bei dieser Gangart im internationalen Vergleich weiter auf der Verliererstraße. Die Probleme würden verschärft statt gelöst. Ich hoffe deshalb auf eine Reflexion bei den handelnden Personen. Es hilft nicht, wenn wir nun das Kind mit dem Bade ausschütten. Es ist an der Zeit, dass wir uns beim Thema Gesundheit wieder aus den medialen Echokammern herausbewegen. Ich habe zwei Jahrzehnte erlebt, in denen die mediale Berichterstattung sich von reflektiert zu affektiert gewandelt hat. Möglicherweise eine Folge des wirtschaftlichen Erfolgsdrucks auch auf die Medien und die dort Beschäftigten. Gesellschaftlich halte ich das für eine riskante Entwicklung.

Wider Effizienzfallen in Hamsterrädern und den „Kostenblues"

Das Problem im deutschen Gesundheitswesen ist weniger die Effizienz der Krankenhäuser, diese kann im internationalen

Vergleich gut bestehen. Das Problem ist die zu hohe Anzahl an Krankenhäusern und deren logische Folgen. Würde man aus dem System schlicht einige Hamsterräder entfernen, dann könnte sich der Rest etwas entspannter aus der Effizienzfalle bewegen.

Das mag nicht intuitiv einleuchten. Denn müssten dann nicht noch weniger Krankenhäuser noch mehr leisten, müsste sich der Arbeitsdruck nicht weiter erhöhen?

Das Gegenteil ist der Fall. Warum? Das DRG-System setzt voraus, dass eine zur Deckung der Fixkosten nötige Anzahl von Patienten erreicht werden kann. Das ist heute aber nicht mehr bei allen Kliniken der Fall, da die Auslastung deutlich abgenommen hat. Das Budget einer Klinik bestimmt sich aus der Anzahl an Fällen, diese gewichtet nach Komplexität und multipliziert mit dem allgemeinen Basiswert für die DRG-Fallpauschalen. Weniger Patienten und/oder weniger komplexe Fälle bedeuten automatisch weniger Erlöse. Üblicherweise mussten die Krankenhäuser in Deutschland auf Basis der jeweils kalkulierten Auslastung bis November arbeiten, um die jährlichen Kosten gedeckt zu haben und dann in die Gewinnzone zu kommen. Das hat sich mangels Auslastung verändert. Viele Kliniken sind jetzt am Jahresende defizitär.

Die Erkenntnis, die sich daraus ziehen lässt, lautet: Es hilft nicht, effizient zu sein, wenn nicht mehr genug Patienten ins Krankenhaus kommen bzw. dort weniger komplexe Fälle zu behandeln sind. Es hilft daher auch nicht, von den Krankenhäusern weitere Effizienzen einzufordern, wenn das Problem nicht in den Arbeitsabläufen, sondern generell in der Attraktivität des Standorts liegt.

Gleichzeitig wäre es ein Fehler, nun die Rolle rückwärts zu machen und zum Prinzip der Kostenerstattung zurückzukehren. Abgesehen davon, dass die erreichte Produktivität verloren ginge, würden damit Kosten wieder unabhängig davon erstattet, ob oder wie der einzelne Standort medizinisch weiter gebraucht wird.

Kein Zweifel: Wir müssen Effizienzfallen in Hamsterrädern vermeiden. Sie führen zu Demotivation und schaden dem Gesundheitswesen. Gleichzeitig müssen wir mit dem Prinzip der Kostenerstattung aber ausgesprochen sorgfältig umgehen. Denn wir brauchen Effizienzen. Ohne geeignete Anreize dafür droht die Lethargie der Hängematte. Es gilt eine Vorgehensweise zu wählen, die den Bedarf reflektiert triagiert.

Bedarf und Bedürfnisse: Was ich möchte, ist nicht, was ich brauche

Bleibt schließlich als aktuelles politisches Niemandsland die Frage nach einer Definition des Bedarfs der Menschen an Gesundheitsversorgung. Keiner wagt es bislang, dieses Thema offensiv anzugehen. Angesichts der Not in den Haushaltskassen wird das Thema aber zunehmend auch politisch relevant. Im Grunde geht es um eine einfach zu formulierende Frage, die einmal ausgesprochen das Reflexionsvermögen der Menschen emotional überlastet:

Welche Gesundheitsleistungen sollen künftig bezahlt werden, welche nicht? Oder anders formuliert: Welches Level an Gesundheitsversorgung wollen wir uns als Gesellschaft zu welchem Preis leisten? Die Frage berührt den Kern des Selbstverständnisses einer Gesellschaft. Einige Beispiele dafür habe ich in Episode #2 aufgezeigt.

Das Gesundheitswesen bedient heute Bedürfnisse, nicht im engeren Sinn den Bedarf. Die Menschen trennen das nicht, sind dazu im Hinblick auf die eigene Gesundheit emotional auch kaum in der Lage. Umso wichtiger ist es, dass die Akteure im Gesundheitswesen beides trennscharf voneinander unterscheiden. Bei allem, was sie tun oder lassen. Ziel eines gesunden Gesundheitswesens ist es, den echten medizinischen Bedarf der Menschen zu bedienen. Das, was sich Menschen wünschen, zu unterscheiden von dem, was Menschen unter dem Gesichtspunkt evidenzbasierter Gesundheitsversorgung tatsächlich brauchen. Der Übergang zwischen Bedarf und Bedürfnissen ist fließend, hängt zudem ab von der Historie eines Gesundheitssystems und den über Generationen geübten gesellschaftlichen Traditionen im Umgang mit kranken Menschen.

Das Gesundheitswesen braucht eine klare Zielsetzung auf der Grundlage dessen, was sich die Gesellschaft ökonomisch leisten kann und will. Diese Entscheidung treffen Gesundheitspolitik und Gesetzgeber. Sie geben auch vor, welcher Spielraum bei der Ausgestaltung der Bandbreite besteht und wer diesen Spielraum wie konkretisiert. Die Auswahl muss noch sorgfältiger erfolgen, da Geldströme alles bestimmen, was die Akteure im Gesundheitswesen tun oder lassen. Die Auswahl muss deutlich machen, wo und in welchem Umfang der Spielraum durch private (Zusatz-)Versicherungen begleitet werden kann und wo die Grenze – auch haftungsrechtlich – zu nicht mehr hinnehmbaren Behandlungsformen liegt. Diese Diskussion wird sich in der Zukunft noch verschärfen.

Insgesamt muss gelten, dass die Menschen ihre Bedürfnisse in Sachen Gesundheit frei ausleben dürfen, aber eben nicht alles davon in den gesetzlichen oder anderweitig versicherten Leistungen abgedeckt wird. Die Diskussion hierzu wird derzeit vor allem über das Thema der Abrechenbarkeit von bestimmten Leistungen geführt, diese noch verschärft in Deutschland aufgrund der diversen Sektorenbudgettöpfe.

Hinzu kommen Stilblüten wie die von Karl Lauterbach groß verkündeten Pläne zur Prävention von Herz-Kreislauf-Erkrankungen („Herz-Gesetz"), die medial dann in den Kontext der künftig besseren Abrechenbarkeit von cholesterinsenkenden Medikamenten (Statinen) gestellt wurden. Es drängte sich der Eindruck auf, Karl Lauterbach wollte nun schon bei Kindern Statine als Präventionsmaßnahme verordnen. Das indes wäre ziemlicher Unsinn, medizinisch nicht zu verantworten und als Maßnahme nicht im eigentlichen Sinne präventiv, sondern eher invasiv-prophylaktisch. Prävention muss bei diesen Krankheitsbildern vielmehr gesamtgesellschaftlich wirken und darauf abzielen, die Lebensgewohnheiten (insbesondere Ernährung und Bewegung) zu verändern. Es kann eben gerade nicht darum gehen, die Auswirkungen krankheitsfördernder Lebensgewohnheiten von Kindesbeinen an mit Pillendosen zu verstetigen. Der Vorstoß von Karl Lauterbach, in sozialen Medien mit dem Label der Nähe zur Pharmaindustrie versehen, und die damit in Gang gesetzte Diskussion können als komplett missglückt und am Thema vorbei angesehen werden. Diese Art der Diskussionen muss künftig auf Basis einer transparenten Zielsetzung der Gesundheitspolitik neu aufgesetzt, und von einer Interventions- zu einer Präventionspolitik verschoben werden, die diesen Namen tatsächlich verdient. Hierfür müssen entsprechend umgeschichtete Gesundheitsbudgets durch neue Budgetregeln bereitgestellt werden. Es sollte zukünftig auch die Anwendung von digitalen Begleitern und KI-modellierten Therapieformen befördert werden, denn nur so kann bei knappen Ressourcen der Bedarf der Menschen für deren Gesundheit künftig weiter gut gedeckt werden.

Balanceakt zwischen medizinischer Evidenz und ökonomischer Exzellenz

Gute Gesundheitspolitik muss eine optimale Balance herstellen zwischen der medizinischen Evidenz, auf deren Grundlage der Versorgungsbedarf ermittelt wird, und einer ökonomischen Exzellenz, die stets einen bedarfsgerechten Einsatz der hierfür bereitgestellten Ressourcen sicherstellt. Das Thema ist nicht neu. In der Helios aktuell, unserer Konzernpublikation, habe ich im Frühjahr 2015 in einem Standpunkt unter dem Titel „Monethik – damit Gesundheit nicht zur Ware wird" den bei Helios Beschäftigten Mut gemacht, die Denkschubladen, dass sich Qualität und Profit im Gesundheitswesen nicht vereinbaren ließen, beherzt zuzustoßen.

Damals schrieb ich Folgendes: *Jeder von Ihnen verhält sich also ethisch richtig, wenn er mit auf das Geld achtet und sein Mögliches beiträgt, das hohe Gut einer bestmöglichen Patientenversorgung auf bezahlbarem Niveau zu erhalten.*

Der kleine Prinz drückte das viel besser aus: Wir müssen von jedem fordern, was er leisten kann. Er bringt damit auf den Punkt, was ich für das Gesundheitswesen folgendermaßen formuliere: Es kommt nicht darauf an, was die Akteure leisten wollen, um das Gesundheitssystem für die Zukunft zu verbessern. Wir müssen stattdessen allen Akteuren abfordern, was sie leisten können, um das Beste zu erreichen. Wir müssen von der Politik fordern, dass sie gute Gesundheitspolitik auf den Weg bringt und endlich die Ränkespiele zur Maximierung politischer Opportunitäten bleiben lässt. Von den Leistungsanbietern müssen wir gleichermaßen höchste Qualität und Effizienz fordern. Von den Institutionen können wir verlangen, dass sie sich selbst transformieren. Ein echtes Umdenken müssen wir aktiv einfordern dürfen von den Krankenkassen, den Gewerkschaften, den Beschäftigten, sogar von den Menschen, um deren Gesundheitsversorgung es geht. Wenn wir die Vergütung stärker an die Qualität der Versorgung knüpfen, den Menschen gut und nachvollziehbar erklären, wo die Grenzen liegen zwischen ihren Bedürfnissen und dem echten Bedarf und warum es auch für sie selbst vorteilhaft ist, wenn wir uns künftig auf den echten Bedarf fokussieren, dann könnte eine im wahrsten Sinne des Wortes bedarfsgerechte und damit gute, jedenfalls sehr viel bessere Gesundheitsversorgung Wirklichkeit werden.

Episode #6
Werkzeuge und Spielzeuge im Gesundheitswesen

Das Gesundheitswesen ist ein großer Spielplatz für Innovationen. Blickt man dahinter, dann sind es aber oft keine echten Innovationen. Da geht es um das bekannte Rad, das anderswo schon besser gedreht wird. Manchmal geht es um Nuancen des schon Bekannten. Häufig sind es individuelle Spielzeuge, von einzelnen Menschen angefertigt als Problemlösung im praktischen Alltag. Für strategische Innovationen fehlen meist das Geld, die Geduld und das Wissen.

Digitale Innovationen sind zudem praktisches Neuland, scheitern häufig an den Realitäten. Sie entstehen aus einer Idee heraus, häufig bei jungen Gründern, meist motiviert durch einen konkret erkannten Bedarf oder ein persönliches Erlebnis, mit dem Ziel, einerseits das Gesundheitswesen zu verbessern, andererseits damit schnelles Geld zu machen mit einem vergoldeten Exithandschlag. Die großen digitalen Player haben in den letzten Jahren ebenfalls einige Versuche gestartet, sich im Gesundheitswesen zu etablieren. Sie sind im ersten Versuch gescheitert. Weil sie daran glaubten, digitale Transformation ließe sich ohne eigene Infrastruktur erreichen. Ein Fehler. Digitale Player unterschätzten die regulatorischen Trägheitslasten des Gesundheitssystems und vieler Leistungserbringer innerhalb des Systems. Und sie überschätzten regelmäßig den Einfluss der Patienten. Anders als etwa bei Konsumgütern oder Dienstleistungen des täglichen Lebens genügt allein der Wille der Konsumenten hier eben gerade nicht, um Innovationen erfolgreich in der Breite einzuführen. Der tief schlafende Riese wurde digital noch gar nicht aufgeweckt. Die Fehleinschätzung beruhte auf mangelnder Erfahrung in der Gesundheitsversorgung. Neuere Versuche werden jetzt begleitet durch eine additive Infrastruktur für die Leistungserbringung. Das heißt, die digitalen Werkzeuge werden um die nötige physische „Hardware" – etwa Ärzte oder Einrichtungen für die Diagnostik – ergänzt. Ein intelligenter Schritt, der die Zukunft verändern kann.

Das deutsche Gesundheitswesen wurde beim Thema Innovation traditionell dominiert durch die Einführung neuer Medizintechnik, also von Maschinen, die als Werkzeuge von Ärzten für die Patientenbehandlung genutzt werden. Gleiches gilt für Hilfsmittel, die bei Operationen in die Körper der Patienten eingesetzt werden. In der Bevölkerung allgemein bekannt sind Endoprothesen und Herzschrittmacher, zu denen sich unterschiedliche Expertenlager gebildet haben, etwa bei der Frage, wie Hüften oder Knie befestigt werden sollen. Oder welche Stents bei welchen Patienten am besten eingesetzt werden. Ein Tummelplatz für die Hersteller, deren Marketing und Vertrieb. Ein Fundus für Studien, Veröffentlichungen, Kongresse der Fachgesellschaften und Industrie.

Juni 2022, wieder in Erfurt. Fast schon alte Heimat. Dort im Helios Klinikum war ich vor knapp 20 Jahren Arbeitsdirektor, nachdem wir gerade die weiteren Anteile zur Mehrheit erworben hatten. Es gab Auseinandersetzungen mit dem Betriebsrat. Es knirschte in der Zusammenarbeit mit der Geschäftsführung vor Ort. Der Vorsitzende des Betriebsrats in Erfurt war zugleich Vorsitzender des Konzernbetriebsrats. Rainer Sasama, ein Betriebsrat und Gewerkschafter vom alten

Schlag. Ein Typ Betriebsrat, der sich langsam verabschiedete, als die Gewerkschaften sukzessive im Gesundheitswesen das Heft in die Hand nahmen, sich damit auch die Gangart und der Umgangston in der betrieblichen Mitbestimmung wandelte. Die einen sahen es als Professionalisierung, andere als Politisierung der Mitbestimmung. Wir hatten praktische Themen zu lösen. Darunter Dauerthemen wie Dienstpläne, Schichten, Arbeitszeiterfassung. Wir diskutierten über Daten, Versorgungsdaten, digital modellierte Arbeitsabläufe. Themen, die bis heute weiter die Akteure im Gesundheitswesen beschäftigen.

Ärzte als Motoren medizinischer Innovation

Wie die Ärzte auf dem Urologen-Kongress jetzt, 20 Jahre später, in der Messe Erfurt, wo ich eingeladen bin zu einem Vortrag mit dem Titel „Digitale Transformation der Patientenversorgung", begleitet von meiner Frage, ob Deutschland hier Schritt halten kann. Meine Antwort in Kürze: „Wenn alle wirklich wollen, ja, sonst nein."

Die beiden anderen Kollegen auf dem Podium, Chefärzte der Urologie an Universitätskliniken in Tübingen und Schleswig-Holstein, sprechen über die Urologie der Zukunft. Ein kleines Fachgebiet, das es geschafft hat, sich mit den eigenen spezifischen Lösungsansätzen in anderen Fachgebieten gut einzubringen. Kluge Köpfe. Die Urologen haben der Robotik in der deutschen Chirurgie zum breiten Durchbruch verholfen. Klaus-Peter Jünemann tituliert deshalb seinen Vortrag mit dem Ausruf: Die Zukunft der urologischen Chirurgie ist robotisch! Auch unsere Helios-Fachgruppen hatten früher schon zu dem Thema diskutiert und robotische Chirurgie in der Urologie mit dem OP-Roboter Da Vinci zunächst abgelehnt, zwei Jahre später dann doch empfohlen. „Ein sinnvolles

Werkzeug oder nur ein Spielzeug für Ärzte?", fragten wir uns, wenn die neuen Investitionsvorschläge aus den Fachgruppen kamen.

Wir entwickelten schließlich eine Checkliste, um das eine vom anderen valide zu unterscheiden. Wir zwangen die Ärzte zur Evidenz, indem wir als Innovation nur das akzeptierten, was sich in Studien als besser für die Patienten erwiesen hatte. Das indes blieb oft umstritten. Also kam die Diskussion auf, ob Investitionen auch dann zu rechtfertigen wären, wenn die damit verbundenen Neuerungen zwar keinen eindeutigen Qualitätsvorteil brächten, sich dadurch aber entweder die Arbeitsabläufe verbesserten oder nachweislich mit höheren Patientenzahlen zu rechnen wäre. So war es mit Da Vinci in der Urologie. Die Urologen belegten, dass Patienten den Einsatz von Robotik per se als Ausweis von Qualität verstehen und daher solche Operationen nachfragen. Ähnlich verhält es sich mittlerweile bei anderen Eingriffen, etwa der Hybrid-OP, ursprünglich ein kardiologischer Eingriff, als eine Verbindung von Herzkatheterlabor und herzchirurgischem Operationssaal. Hybrid-OPs sind ausgestattet mit einer beweglichen Röntgenanlage. Sukzessive erobert der Hybrid-OP heute weitere Fachgebiete, denn er unterstützt die Operateure immer dann, wenn sie während der Operation diagnostische Orientierung benötigen. Es fungiert als eine Art diagnostisches Echtzeitnavigationssystem am offenen Patienten. Der Anwendungsbereich ist in der Entwicklung, die Experten diskutieren von Fach zu Fach und dort von Eingriff zu Eingriff über die Evidenz, die Frage also, ob und in welchem Maße sich die Ergebnisqualität verbessert.

Früher wurde leicht gespöttelt, es gäbe mehr Spielzeuge in den Kliniken als ergebnisverbessernde oder zumindest die Arbeit erleichternde Werkzeuge. Es wurde angespielt auf die frühere Praxis der Hersteller, sich über Kontakte zu Chefärzten den Vertriebsweg in die Klinik zu öffnen. Ich denke, das Thema hat sich nach Einführung des DRG-Systems weitgehend erledigt.

Wir hatten bei Helios den Einkauf von Beginn an zentralisiert, die Ärzte mit ihrer Expertenmeinung bei der Entscheidungsfindung durch Fachgruppen eingebunden. Der direkte Vertrieb in eine Klinik unter Umgehung des Einkaufs ist aber auch bei anderen Trägern in den letzten Jahren unterbunden worden.

Wir finden in Kliniken inzwischen also in der Regel sinnvolle Werkzeuge, um die Qualität zu verbessern. Ärzte beklagen allerdings, dass Innovationen aus der Medizintechnik verloren gehen könnten, weil diese zu Beginn noch nicht die Anforderungen erfüllten für einen klinischen Qualitätsnachweis. Eine berechtigte Sorge, der aber in der Praxis regelmäßig begegnet wird mit Entwicklungspartnerschaften.

Medizintechnik rückt näher an Patienten

Im Jahr 2021 diskutiere ich dieses Thema mit Kollegen aus der Industrie. Mit Frans van Houten, damals noch CEO von Phillips, auf einem Workshop in Amsterdam. Bernd Montag, CEO von Siemens Healthineers, treffe ich in Frankfurt und in Berlin. Unterschiedliche Typen, beide klug, sympathisch und innovativ. Sie bahnen den Weg in eine neue Zukunft der Medizintechnik, sind deshalb vermehrt in Kontakt mit Unternehmen, die näher am Patienten sind. Wie Krankenhäuser, Universitätskliniken oder, noch besser, ganze Klinikkonzerne. Beide bewegen sich vom Geräteanbieter zum Systemanbieter. Sie wollen nicht mehr nur ihre Geräte als technische Lösungen verkaufen, sondern zielen künftig auf komplexe Systeme, wollen den Gesundheitsdienstleistern mit Daten und KI digitale

Werkzeuge an die Hand geben, noch lieber unmittelbar die Patientenversorgung mitgestalten.

Giganten der Medizintechnik befinden sich also selbst in der Transformation zum Rundumanbieter in der Gesundheitsversorgung. Sie sprechen von Data Business, Plattformen und KI. Sie fokussieren auf Daten von Fällen, die mit ihren Medizingeräten behandelt werden. Sie sollen nicht nur Werkzeuge der Ärzte sein. Denn sie können mehr. Sie können Daten aggregieren, aus den Daten Algorithmen für eine künftig verbesserte Qualität in der Diagnostik herleiten und auch eine zielgenauere Behandlung ermöglichen. Durch assistierende KI, die für behandelnde Ärzte die Daten analysiert. Warum soll es künftig nicht möglich sein, dass die Befundung in der Radiologie aufgrund der erkannten Muster zunächst durch KI erfolgt, hieraus dann der Vorschlag für eine Diagnose folgt oder sogar eine Therapieempfehlung? Wir diskutieren viele Aspekte, tauschen die unterschiedlichen Perspektiven aus. Reden über das, was im Ausland schon geht. Über das, was Europa heute noch fehlt.

Zwei Jahre später, es ist Ende 2023, ich nehme teil an einem Workshop bei Samsung. In Deutschland wird Samsung als Anbieter für das Gesundheitswesen nicht wahrgenommen. Ein Fehler, denke ich nach Beschäftigung mit deren Produktpalette. Samsung setzt bereits jetzt einen Schwerpunkt, den Frans van Houten und Bernd Montag ebenfalls auf ihrer Transformationsagenda haben. Es ist der Einsatz digitaler Netzwerke für die Verbesserung von Arbeitsabläufen und Behandlungen. Wir unterhalten uns über Südkorea, ein Referenzkrankenhaus in Seoul. Stellen im Gespräch fest, dass Digitalisierung dort heute Standard ist, sowohl als Unterstützung der logistischen Maßnahmen als auch bei der Begleitung medizinischer Leistungen.

In Deutschland denken wir bei der Frage, wie sich Patienten in großen Kliniken besser orientieren können, vor allem an seniorengeeignete Schriftgrößen und Farbkonzepte und natürlich an die Grünen Damen, die Patienten ehrenamtlich an die Hand nehmen, um sich in der Klinik zurechtzufinden. In Seoul hat der Patient die erforderlichen Daten auf seinem Mobilgerät und lässt sich nach Scan des QR-Codes von einem freundlichen Roboter durch die Klinik lotsen.

Europa fehlt digitales Mindset

In Europa klingt das wie Science-Fiction. Europa ist zögerlich beim Thema Digitalisierung. Vor allem wegen der Daten. Europa ist skeptisch, fürchtet den gläsernen Menschen. Europa misstraut den digitalen Playern und möchte weitere Abhängigkeiten vermeiden. Europa sorgt sich wegen der disruptiven Aspekte. Europa findet grüne Roboter spannend, aber fürchtet um deren Menschlichkeit. Wahr ist aber auch: Europa fühlt sich irgendwie abgehängt. Für Deutschland gilt das alles im europäischen Vergleich noch dramatischer.

In Deutschland fehlt es am digitalen Mindset und an ernstzunehmenden digitalen Playern. Es gibt zu wenig Menschen, die in ihrer fachlichen oder universitären Ausbildung MINT-Fächer belegen – Mathematik, Informatik, Naturwissenschaft, Technik. Experten in diesen Disziplinen braucht es aber in großer Zahl, wenn es um digitale Geschäftsmodelle und deren Umsetzung geht.

Warum sollte Digitalisierung dann das deutsche Gesundheitswesen erobern?

Meine Erfahrung aus der Praxis ist, dass sich die patientennahen Dienstleister im deutschen Gesundheitswesen, Kliniken und niedergelassene Ärzte, noch häufig in einer Welt von Papier und Faxen bewegen. Soweit digitalisierte Daten vorliegen, sind diese häufig von schlechter Qualität. Selten liegen alle Befunde digital vor. Bei der Entwicklung und Einführung digitaler Strukturen und Systeme kommen wir nicht einmal im Schneckentempo voran. Die ernüchternde Wahrheit lautet, dass für Deutschland das digitale Rad erst noch er- bzw. gefunden werden muss.

Elektronische Patientenakte als digitales neues Rad?

Und das, obwohl Karl Lauterbach ein erklärter Fan von Digitalisierung im Gesundheitswesen ist. Wie schon seine Vorgänger, zuletzt Jens Spahn, der Anfang 2019 den ministeriellen Health Innovation Hub (HIH) unter Leitung von Jörg Debatin gegründet hatte, damals präsentiert als „Brückenkopf des Ministeriums in die Digital-Szene".

Jens Spahn ließ sich seinerzeit mit dem Ziel zitieren, er wolle „die digitale Revolution nicht nur erleiden, sondern sie nutzen und gestalten". Der HIH wurde dann von Karl Lauterbach geschlossen. Der klagte über jahrzehntelange digitale Rückstände sowohl in der Gesundheitsversorgung als auch in der Forschung. Als das Hauptproblem identifizierte er die Qualität und Verfügbarkeit von Versorgungsdaten, verkündete daraufhin einen „Neustart" in der Digitalisierungsstrategie.

Karl Lauterbach setzt im Schwerpunkt auf die Umsetzung der elektronischen Patientenakte (ePA) und sieht das vordringliche Ziel in der Digitalisierung von Daten, um diese künftig für Versorgung und Forschung zu nutzen. Dies wird reguliert durch zwei Gesetze: das Digitalgesetz und das Gesetz zur Nutzung von Gesundheitsdaten. Bei dem Digitalgesetz geht es vor allem um die ePA und das elektronische Rezept (E-Rezept). Bei dem Datengesetz geht es um den Aufbau einer zentralen Behörde für die Schaffung von Datenzugang und die Koordinierung für Forschungszwecke. Prinzipiell sieht Karl

Lauterbach das Gesundheitswesen in Deutschland aber digital gut aufgestellt. Er nennt zunächst die elektronische Gesundheitskarte (eGK), auch wenn sie über ein Jahrzehnt Milliarden in gemeinsamer Selbstverwaltung verschlungen hat, bis sie überhaupt mit Basisfunktionen an den Start gehen konnte. Er möchte auch die ePA bis 2025 durchpeitschen, hat Deutschland ein E-Rezept verordnet. Er hebt die Angebote der Digitalen Gesundheitsanwendungen (DiGA) und der Digitalen Pflegeanwendungen (DiPA) mittlerweile sogar als besonderen Erfolg hervor. Er nennt das Forschungsdatenzentrum Gesundheit, das Interoperabilitätsverzeichnis, Erprobungsräume zur Forschung über und Förderung für digitale Innovationen. Und Karl Lauterbach mag das nationale Gesundheitsportal „Gesunder Kompass für Bürger".

Man könnte das alles vergleichen mit einem vor Kraft strotzenden Motor, bestückt mit Milliarden PS – der diese PS allerdings nicht auf die Straße zu bringen vermag.

Und in der Tat: Es ist so viel auf den Weg gebracht worden. Ganz maßgeblich durch das Gesundheitsministerium des Bundes. Ich habe es bei einem Gespräch mit Kollegen als eine Art Aktionismus aus Hilflosigkeit beschrieben. Denn blickt man auf das, was dabei bis heute im praktischen Gesundheitsalltag angekommen ist, dann sieht es arg bescheiden aus. In internationalen Benchmarks liegt das deutsche Gesundheitswesen bei der Digitalisierung auf einem der hinteren Plätze, ob ambulant oder stationär, ob in der Akutmedizin, in der Reha oder in der Pflege. Um es deutlich zu sagen: Die Bemühungen aus dem Gesundheitsministerium sind zwar wichtig und strategisch richtig. Mit Blick auf den heutigen Stand sind die seit Start vor rund neun Jahren erzielten Ergebnisse in der Praxis aber nicht überzeugend.

Die digitalen PS müssen auf die Straße!

Man kann es drehen und wenden, wie man will: Irgendetwas läuft in Deutschland schief auf dem Weg der Digitalstrategie aus den Politiker- und Behördenstuben hin zu praktischen Anwendungen auf den Mobilgeräten und Tablets der Bürger und zu besseren Arbeitsabläufen der Anbieter. Die Milliarden PS von Jens Spahn und Karl Lauterbach müssen erst noch auf die Straße!

Im November 2019 lädt das Handelsblatt zu einer der vielen Veranstaltungen zum Trendthema Digitalisierung nach Berlin ein. Ich mittendrin. Es geht um die allgemeine Frage, wie sich die Krankenhäuser in Deutschland auf den digitalen Wandel vorbereiten. Es werden unterschiedliche Ansätze präsentiert. Von Thomas Lemke, meinem langjährigen Weggefährten in der Branche und CEO von Sana. Von Peter Gocke, dem neuen Digitalchef der Charité. Von mir als CEO von Helios Health. Thomas Lemke spricht vor allem über die IT-Infrastruktur und die Digitalisierung von Prozessen zur Leistungserbringung in Kliniken. Und darüber, dass man die „patient journey" künftig stärker digital gestalten müsse. Peter Gocke spricht darüber, dass „Daten ein zu Hause" brauchen. Er möchte valide und strukturierte Daten in einer Plattform zusammenfassen. Digitale Medizin sei für ihn – so Peter Gocke – kein IT-Projekt, sondern ein „Charité"-Projekt. Das Ziel dieses Projektes zur digitalen Medizin sei eine möglichst breit KI-gestützte gemeinsame Nutzung neu strukturierter Daten, und das in Echtzeit.

In meinem Beitrag widme ich mich der Differenzierung digitaler Medizin. Hierfür unterscheide ich drei Stufen der Digitalisierung.

Von der IT-Dominanz zur digitalen Intelligenz

In der ersten Stufe geht es mir um die Digitalisierung im klinischen Alltag, adressiert in den Anforderungen an die Krankenhausinformationssysteme (KIS). Sie sollen einerseits dabei helfen, die Arbeitsabläufe zu optimieren, also den Beschäftigten Erleichterung bei der Strukturierung von Arbeitsprozessen zu verschaffen. Zugleich sollen sie die Erfassung, Verarbeitung und Ablage von Daten optimieren. Damit beschäftigt sich das deutsche Gesundheitswesen seit nunmehr zwei Jahrzehnten. Es ist deshalb verständlich, dass Karl Lauterbach bei der elektronischen Patientenakte (ePA) einen Schwerpunkt setzt. Und sein Klagen über Rückstände ist berechtigt. Die Gründe dafür sind offenkundig. Und eines ist aus den Gesprächen mit der Industrie und den Kollegen anderer europäischer Länder deutlich geworden. Die ePA ist ein Muss. Sie ist das Rad für eine Digitalisierung, weil mit ihr Daten strukturiert verarbeitet und damit verlässlich nutzbar gemacht werden. Das genügt aber nicht allein im stationären Bereich. Es braucht eine Umsetzung über die Sektorengrenzen hinweg. Die Gesundheit der Menschen kennt keine Sektoren.

Gesundheitsdaten: das digitale Gold der Zukunft?

Entsprechend seiner Neigung verknüpft Karl Lauterbach seine Basisforderung – ähnlich wie Peter Gocke – mit der von mir als Stufe zwei der Digitalisierung bezeichneten Schwerpunktsetzung, mit der Generierung und Verfügbarmachung von Versorgungsdaten. Anders als Karl Lauterbach sehe ich in dieser zweiten Stufe den Schwerpunkt aber nicht in der klinischen Forschung und Wissenschaft. Ich sehe ihn eher im Anwendungsbereich der praktischen Versorgungsforschung und in der „Real World Evidence“, also in Datenanalysen, die uns beispielsweise zeigen können, wie gut oder schlecht bestimmte

Medikamente im Klinikalltag bei den Patienten tatsächlich anschlagen.

Wir brauchen Daten für diese „echte", praxisnahe Versorgungsforschung. Dazu benötigen wir Daten aus dem Klinikalltag in verlässlich guter Qualität, und zwar möglichst umfassend, also insbesondere verknüpft mit den Ergebnissen der Bildgebung, der Laborbefunde und der Pathologie. Dazu gut strukturiert, selbstverständlich pseudonymisiert. Das alles geht prinzipiell schon heute, wie einige Projekte des Helios-Health-Instituts zeigen. In der Tat helfen künftig verbesserte gesetzliche Regelungen und eine Vereinheitlichung der Datenstrukturierung, um diese flächendeckend zu ermöglichen. Karl Lauterbach wird aber wissen: Die Welt wartet nicht auf die deutschen Daten. Andere sind da viel weiter, in anderen Ländern sind Daten in Hülle und Fülle verfügbar. Entscheidend sind unisono die Qualität und Verlässlichkeit der Daten und deren Absicherung vor Missbrauch, also die vielfältigen Aspekte der Datensicherheit. Für mich erscheint diese zweite Stufe in Deutschland vor allem relevant für eine größere Effektivität in der Organisation der Gesundheitsversorgung. Wenn wir die gute Gesundheitsversorgung wollen, die künftig evident bedarfsgerecht organisiert wird, wie beschrieben in den Episoden #1 bis #3, dann braucht es Stufe zwei!

Digitale Autobahnen, Straßen, Wanderwege und Trampelpfade

Bleibt Stufe drei, der Bereich, zu dem Jens Spahn mit dem Health Innovation Hub Brücken bauen wollte. Ich überschreibe diesen Bereich beim Handelsblatt-Kongress mit *software as a drug*. Es geht also um digitale Anwendungen, die den Menschen ähnlich helfen können wie Medikamente. Ein Großteil davon ist deshalb auch als Medizinprodukt deklariert.

Viele davon sind künftig aber auch gut denkbar als schiere Informations- und Serviceanwendung.

In allen europäischen Ländern wird Stufe drei eigenständig entwickelt. In Asien und im Nahen Osten ist sie im Gesundheitswesen bereits Realität und Normalität. Das gilt vor allem für alle Formen telemedizinischer Anwendungen, des Hometrackings, natürlich auch für die technische Einbindung mobiler Tracker in eine personalisierte Gesundheitsdatenbank. Junge Kollegen, die als Gesundheitsmanager in Saudi-Arabien arbeiten, berichten mir stolz von den dort herrschenden innovativen digitalen Settings. Es gibt dort große ambulante Gruppen, die in digital angebundenen Gesundheitszentren an guten Tagen über 2000 Patienten behandeln. Die Arbeitsabläufe sind komplett digitalisiert, die Daten für die Ärzte omnipräsent und jederzeit verfügbar. Der Patient bestimmt, wie er sich mobil austauschen möchte, wählt meist seine präferierte App auf seinem Smartphone. Entscheidet er sich beispielsweise für WhatsApp, dann nutzen auch die Ärzte WhatsApp.

Eine Welt, die uns in Deutschland, je nach persönlicher Prägung, wie die schöne neue Welt im Sinne von Aldous Huxley oder wie ein Märchen aus 1001 Nacht vorkommt. Doch wir müssen gar nicht in so große Ferne blicken. In nahezu allen anderen europäischen Ländern genießen digitale Gesundheitsanwendungen höhere Akzeptanz als in Deutschland. Zum Beispiel in Italien, das besonders hart von der Covidpandemie getroffen worden war. Auch unsere spanischen Kollegen bei Quirónsalud haben während der Pandemie nahezu eine Million ambulante Behandlungen telemedizinisch begleitet. Sie haben weit über zwei Millionen User auf dem eigenen Portal. Dort werden Termine vereinbart. Dort werden die Befunde und sonstige Unterlagen ausgetauscht. Dort gibt es Accounts für Eltern, damit Ergebnisse der Behandlungen ihrer Kinder ausgetauscht werden können. Dort können Daten beobachtet werden aus der Anbindung von Trackern. Falls Risikotracer anschlagen, alarmieren die selbstlernenden Algorithmen den Arzt und es wird medizinisch interveniert.

Warum das in Spanien funktioniert und noch nicht in Deutschland? Die spanischen Kollegen haben zwei ganz wesentliche Vorteile: Sie regeln digitale Themen regional. Und ein wesentlicher Teil der Patienten wird in den Kliniken ambulant behandelt, was zu höherer Frequenz und einer größeren Neigung zur Nutzung von digitalen Begleitern führt. Spanien gehört wegen seiner fortschrittlichen regionalen digitalen Gesundheitssysteme zur Spitzengruppe des Digital-Health-Rankings nach einer Bertelsmann-Analyse. Ich habe bei den Episoden #1 und #2 schon erwähnt, dass Spanien in Teilen als Blaupause dienen könnte. Sowohl für mehr Agilität bei der Finanzierung als auch für eine digitale Vernetzung der Behandlungspfade in den Versorgungsclustern.

Wir versäumen, einfach zu machen

Eine Welt, für die Jörg Debatin – wie schon gesagt – über den Health Innovation Hub (HIH) eine Brücke bauen wollte. Ich war selbst Mitglied im Beirat des HIH. Der verfolgte Ansatz war auch komplett richtig, die Motivation, mit der alle Beteiligten ans Werk gingen, war bemerkenswert. Dem HIH ist gelungen, was beabsichtigt war, jedoch mit einem sehr ernüchternden Ergebnis. Zum einen, weil am Ende doch deutsche Bürokratiemonster geschaffen wurden. Zum anderen, weil sich die Praxis noch wenig dafür interessiert, was auf der DiGA-Liste steht. Das ist leider typisch für so viele deutsche Digitalkonzepte der vergangenen Jahrzehnte. Wir glauben offenbar, dass Dinge allein schon geschehen, wenn sie nur verordnet werden. Und versäumen, zu machen und etwas daraus zu machen.

Ähnliches hatte ich in den Episoden #3 und #4 schon zum Thema Qualität festgestellt: Um im deutschen Gesundheitswesen reguliert digital dabei zu sein, muss ein viel zu hoher Aufwand betrieben werden. Das macht es kompliziert, schwerfällig, teuer und schreckt die Praxis ab. Das Sterben der Start-ups in Deutschland im Bereich der DiGA-Anwendungen hat – fast logische Konsequenz – bereits begonnen. Einerseits weil sich Patienten in Deutschland immer noch zu wenig als „User" begreifen und entsprechend verhalten. Andererseits weil die Möglichkeit zur Anbindung an Daten der Leistungserbringer fehlt. Warum ist das gerade bei uns schlechter als anderswo? Warum eigentlich ist das fast überall auf der Welt einfacher als bei uns? Es kann nicht nur an der viel beschworenen gesellschaftlichen Prägung liegen, denn in vielen anderen Dienstleistungsbranchen ist die digitale Öffnung der Menschen in Deutschland nahezu selbstverständlich. Es mag zum Teil an dem Deutschland ganz eigenen Verständnis von Datenschutz liegen. Das indes ließe sich durch den Gesetzgeber ändern. Daher hat sich Karl Lauterbach für die ePA auf den Weg gemacht, den Jens Spahn noch nicht wagte. Die Zeit hat sich geändert. Damit auch das, was opportun scheint.

Es bleibt für die dritte Stufe, des *software as a drug,* jedoch ein Hindernis, das primär mit den deutschen Sektorengrenzen zu tun hat. Das Spielfeld für diese digitalen Werkzeuge umfasst maßgeblich die ambulante Versorgung, diese einschließlich der Prävention, der präklinischen Anamnesen und Vorbereitungen, sowie der poststationären Nachsorgen. In diesen Bereichen sind die Klientelinteressen und Beharrungskräfte nicht weniger groß als in den Krankenhäusern. Die Akteure wollen sich digitale Geschäftsfelder ebenso sichern wie die bestehenden analogen. Daher arbeiten sie auf zwei Dinge hin: Zeitgewinn und Monopolisierung. Das gilt für die Institutionen, die niedergelassenen Ärzte und Unternehmen. Ich bin gespannt, wann dieses Katz-und-Maus-Spiel aufhört. Die Zeit drängt. Erst und nur, wenn diese gordischen Knoten gelöst sind, besteht eine echte Chance zur schnellen Entwicklung der Stufe 3 auch in Deutschland. Der Hebel dafür, so meine Überzeugung nach zwei Jahrzehnten im deutschen Gesundheitsrummel, liegt in einer Neuordnung der Verantwortlichkeiten und einer konsequenten Delegation der Umsetzung an regional organisierte, agile Cluster.

Europa wird nicht helfen können, vielleicht aber als Vorbild

Die Europäische Union hat 2021 das gemeinsame Unternehmen „Initiative zu Innovation im Gesundheitswesen“ (IHI JU) gegründet. Als Begründung für diese Initiative wurde angeführt, dass Europa dringend einen innovativen, integrierten Ansatz für medizinische Forschung und Gesundheitsversorgung brauche.

Offensichtlich fehlt es also nicht an der Erkenntnis dessen, was zu tun wäre. Es fehlt an der Kraft, das zu tun, was für eine Umsetzung erforderlich wäre. Dabei gilt es zu unterscheiden: Bei den „alten Industrien“, also den Produkten, die bei der Erbringung medizinischer Leistungen eingesetzt werden, nimmt Deutschland als „Land der Tüftler“ eine Spitzenstellung ein. Anders ist das bei den „neuen Industrien“, also bei der digitalen Vernetzung von Medizinprodukten und digitalen Anwendungen bei der Leistungserbringung oder durch die Patienten selbst. Hier herrscht noch immer ein Durcheinander, weil Digitalisierung als Oberbegriff kaum mehr taugt und die Übergänge der möglichen Anwendungsfälle fließend sind.

Dies gilt umso mehr, als neuerdings auch KI-gestützte Anwendungen einbezogen werden.

Tatsächlich hat die Transformation von analog zu digital in manchen europäischen Staaten schon vor zwei Dekaden begonnen. Noch bevor ich Chef von Helios wurde, gab es beispielsweise das E-Rezept in Dänemark (1994) und in Spanien (verfügbar seit 2005). Italien ist schon seit 2012 komplett digital. Die elektronische Patientenakte, ein Blockbuster des kollektiven digitalen Versagens in Deutschland, gibt es in Estland seit 2001, in Dänemark seit 2005, in Kroatien seit 2008 und in Portugal seit 2013. In Deutschland soll die elektronische Patientenakte nun bis Anfang des Jahres 2025 verpflichtend „eingeführt" werden. Milliardeninvestitionen in Deutschland über die letzten beiden Jahrzehnte haben kaum etwas bewegt. Der Elefant hat gefühlt eine Maus geboren.

Bereits in Episode #3 habe ich die dysfunktionalen Blockaden aufgezeigt, die der ganz maßgebliche Grund dafür sind, dass Deutschland – und insbesondere das deutsche Gesundheitswesen – heute noch zu den digitalen Entwicklungsländern zählt. Wir lieben Papier. Selbst in der Pandemie mussten wir per Fax mit den Apotheken kommunizieren, weil die digitale Umsetzung fehlte. Präzise ausgedrückt: Technisch war sie möglich, den Akteuren aber nicht opportun. Die Akteure wollten zunächst sicherstellen, dass von Beginn an nur solche digitalen Lösungen zur Anwendung kommen, die von den sektoralen Institutionen des Gesundheitswesens entwickelt oder als dem sektoralen Lager zugehörig eingeordnet wurden. Es geht bei der Digitalisierung um Kontrolle, um Macht und um Pfründe, erneut also um die in Episode #3 beschriebene Maximierung eigener Opportunitäten.

Die Unterscheidung zwischen Werkzeugen und Spielzeugen ist im Bereich der digitalen Begleiter des Gesundheitswesens genauso relevant wie früher schon bei Medizingeräten oder anderen Medizinprodukten. Dies umso mehr, als bei digitalen Begleitern der Übergang zwischen User und Patient fließend ist. Wie soll man in diesem digitalen Dickicht an Möglichkeiten heute entscheiden, was für das Gesundheitswesen zu welchem Zeitpunkt von Relevanz sein wird?

Man kann dies dem Markt überlassen, reguliert mit einem DiGA-Stempel, wie dies der Ansatz von Jens Spahn war. Man kann konkrete Ziele mit exakten Zeitplänen kommunizieren, wie dies Karl Lauterbach beim Thema ePA getan hat. Ich finde, dass Stringenz jedenfalls erforderlich sein wird. Ich denke aber, dass der Ansatzpunkt für eine wertschöpfende Bereinigung der digitalen Infrastrukturen, genauso wie der Weg zum Wegfall der Sektorengrenzen, von medizinischen Aspekten getrieben sein sollte. Vermutlich würden andere Kriterien als diese einer rechtlichen Überprüfung auch gar nicht standhalten.

Episode #7
Ein digitales Rad für unsere Gesundheit

Nähern wir uns dem Versuch einer Lösung des digitalen Dilemmas, welche die Vorschläge aus den Episoden #1 bis #4 berücksichtigt. Das Ideal ist selten zu haben, wie uns eines meiner Lieblingsgedichte von Kurt Tucholsky lehrt. Im Jahr 2007 sitzen wir in der Helios-Konzernzentrale in der Berliner Friedrichstraße. Mit mir am Tisch in der Aufsichtsratssitzung sitzt Hans-Joachim Selenz, ein interessanter Gesprächspartner. Er wurde medial bekannt, als er 2000 sein Amt als CEO der Salzgitter AG niederlegte, in Kommentaren und Büchern seine Einschätzung zu den Geschäftspraktiken bei der Salzgitter AG und anderen Unternehmen beschrieb. Nach der Sitzung erinnern wir uns gemeinsam an frühere Zeiten, zum Beispiel an unsere frühere Konzernzentrale in Fulda und den Austausch, den wir damals zu pflegen begannen. Hans-Joachim Selenz war da noch Chef der EDAG, eines Autozulieferers aus Fulda. Es ging darum, ob sich Abläufe in Kliniken – Beispiel war damals eine Belegklinik – ähnlich digital erfassen und strukturieren lassen wie solche für Produktionsbetriebe der Autoindustrie. Ich lernte daraus, dass Ansätze aus der Industrie gute Anhaltspunkte liefern können für die Klinikorganisation, aber nur mit gewissen Anpassungen übertragbar sind. Ich lernte auch, dass Algorithmen nur helfen, insoweit sie mit den wesentlichen Parametern im Alltag und dem Wissen der Menschen abgeglichen sind.

Man kann nicht alles haben!

Nach diesem Rückblick in die Vergangenheit sprechen wir über den Schritt nach Berlin, für Helios eine Zäsur. „Irgendetwas ist immer“, meinte plötzlich Hans-Joachim Selenz, „tröste dich“. Und er zitiert aus dem Gedicht von Kurt Tucholsky, in dem in der dritten Zeile tatsächlich die Friedrichstraße erwähnt ist. „Man kann nicht alles haben, schon gar nicht alles gleichzeitig“, lautete die Botschaft schon 1927. „Muss man auch gar nicht“, würde ich heute mit Blick auf die Digitalisierung im Gesundheitswesen ergänzen. Manchmal braucht es keinen perfekten und allumfassenden „Masterplan“, um voranzukommen. Man muss einfach mit dem Naheliegenden anfangen, daraus lernen und auf dieser Basis weitere Schritte gehen.

Die Digitalisierungsstrategien von Jens Spahn und Karl Lauterbach sind mutig, muten aber zugleich an wie Aktionismus aus Hilflosigkeit. Wie eine trotzige Anordnung zur Digitalisierung. Dennoch Hut ab! Beide versuchen das Thema anzugehen, es voranzubringen.

Jens Spahn hat praktisch wenig bewegt, weil er die Beharrungskräfte des Systems offenbar unterschätzte. Denn die Verfügbarmachung von digitalen Applikationen allein reicht nicht, um über Jahrzehnte eingefahrene Gewohnheiten zu ändern. Die Abrechenbarkeit einer Leistung allein macht sie nicht zu einer sinnvollen Leistung. Die Listung einer Gesundheits-App allein macht diese nicht zu einer von Usern akzeptierten und genutzten App.

Digitalisierung per se bedeutet noch nichts. Nichts für die Art oder Qualität der Versorgung, nichts für die Verbesserung der Arbeitsabläufe, kein Mehr an Empathie. In erster Linie gilt es, das Handeln der Menschen zu verändern, die schlechten Abläufe von den guten zu differenzieren, die guten dann zu standardisieren, schließlich zu digitalisieren.

Das gilt für die Kliniken intern wie für deren Austausch untereinander und mit niedergelassenen Ärzten, Produkt- und Serviceanbietern und Institutionen. Das gilt vor allem aber auch für den Austausch mit den Patienten. Wer dysfunktionale Abläufe digitalisiert, der behält dysfunktionale Abläufe – nur eben digitalisiert. „Shit bleibt Shit", so hat das ein Kollege aus der IT auf den Punkt gebracht, nur eben digitaler Shit.

Karl Lauterbach rechnet sich größere Chancen als sein Vorgänger aus, weil er stringent bei Daten ansetzt, diese in der elektronischen Patientenakte verfügbar machen will. Die für die Umsetzung entscheidende und bisher noch ungeklärte Frage lautet: Wie kommen die ePA-Daten überhaupt aus welchen bestehenden Systemen in welche neuen Systeme? Was in Papierform da ist, muss in digital verarbeitungsfähige Datensätze überführt werden. Wie soll dies bis wann in welcher Qualität geleistet werden können, für welche Patienten und für welche Zeiträume? So die üblichen Fragen in den Diskussionen in den Kliniken und mit der IT, wenn es an die Umsetzung geht. Für die Erstellung digitaler Archive haben wir vor Jahren schon Dienstleister zum Scannen engagiert. Als Erstes gab es hier Diskussionen zum Datenschutz. Die Umsetzung wurde torpediert mit dem Hinweis, es fehle an Personal. Oder es wurde bemängelt, dass nun die zum Scannen entnommenen Akten fehlten, die der Arzt für die Behandlung seines Patienten dringend bräuchte. Die Liste an „guten" Gründen ließe sich fortsetzen. Eine Digitalstrategie kann also nur so gut sein, wie einfach und realistisch ihre Umsetzung möglich ist.

Immer fehlt irgendein Stück

Immerhin kann man die Fortschritte der lauterbachschen Digitalisierungsstrategie messen, den Reifegrad der Krankenhäuser im „Digitalradar" regelmäßig verfolgen. Ein Projekt noch von Jens Spahn begonnen. Im großen Kontext scheint die Messung der digitalen Reife mit den EMRAM-Zertifizierungen allerdings mehr en vogue. Das Electronic Medical Record Adoption Model (EMRAM) ist ein international anerkanntes Stufenmodell zur Messung des Digitalisierungsgrades von Krankenhäusern. Die Ergebnisse daraus unisono über Jahre hinweg ernüchternd: Germany: zero points!

Letztlich bleibt unklar, was dieser digitale Reifegrad über das Gesundheitssystem aussagt, was über die Qualität der digitalisierten Arbeitsabläufe. Es bleibt offen, ob damit die Behandlungen besser, Menschen zufriedener werden und ob die Beschäftigten motivierter arbeiten. Es handelt sich also um eine Messzahl, die am eigentlichen Thema vorbeigeht.

Ich plädiere deswegen für eine agile Strategie, konsequent orientiert am Nutzen der Digitalisierung für die Versorgung als solche. Eine Strategie mit Vertrauen in die Kooperation der Menschen, fortlaufend anpassbar – und mit Mut zur Lücke, sofern es die breite Akzeptanz fördert und die Umsetzung beschleunigt.

Drei Basislevel der Digitalisierung

Dazu gilt es zunächst, die drei Basislevel der Digitalisierung zu unterscheiden. Sie sind sortiert nach dem praktischen Nutzen und den beteiligten Usern. Es gilt zu akzeptieren, dass wir es nicht schaffen dürften, alle drei Level überall im deutschen Gesundheitswesen gleichermaßen und komplett zu etablieren. Wir müssen inhaltlich fokussieren auf das, was machbar ist und den Beschäftigten und Patienten den größten Nutzen stiftet.

Level 1 betrifft die Organisation täglicher Arbeitsabläufe, damit diese weniger Zeit rauben und eine vollautomatisierte Aktenführung ermöglicht wird. Ziel ist es, die knapper werdenden personellen Ressourcen zu entlasten (und damit mehr Zeit für andere Tätigkeiten zu schaffen) und die Verfügbarkeit von verlässlichen Daten sicherzustellen. Die Qualität der Daten muss stimmen, egal ob zu Abrechnungszwecken oder für intelligente Datenanalysen. Unsere heutigen Datenfriedhöfe helfen nicht weiter. In diesem Bereich geht es im Wesentlichen um IT-Anwendungen, die verbunden werden müssen mit dem Informationssystem, ambulant wie stationär. Keine einfache Aufgabe für Deutschland, siehe die Fehlleistungen um die Gesundheitskarte.

Level 2 dient der Erleichterung und Verbesserung der Leistungserbringung, also von Behandlungen, Therapien oder Medikationen. Das Ziel ist dabei, digitale Begleiter bei der Behandlung einzusetzen und Patienten zu befähigen, diese für die weiterführende Therapie zu Hause zu nutzen. Das Feld ist breit, wird schon gut bedient durch einige Innovationen in der Gesundheitsprävention. Aufgabe der Leistungsanbieter ist es, diese Begleiter dann nahtlos in das eigene digitale bzw. IT-Setting zu integrieren. Eine Selbstverständlichkeit sollte man annehmen. Weit gefehlt in einigen Gesundheitssystemen, darunter auch Deutschland.

Level 3 zielt auf die Analyse und Weiterentwicklung der Versorgung, also die Summe von Innovationen in der Gesundheitsversorgung für alle Stufen des Leistungsgeschehens. Versorgungsanalysen setzen saubere Daten zu allen Details der Behandlung von Menschen voraus. Eine einfache Aufgabe sollte man meinen. Eine der schwierigsten, sagt die Erfahrung. Sie scheitert an Geld. Oder am Know-how bei der Implementierung. Oder an den Ressourcen zur Analyse. Oder schon an banalsten Fragen des Datenschutzes. Wer darf wann in welchem Umfang auf diese Daten zugreifen und sie dann wie zu welchem Zweck weiterverarbeiten? Die Lösung läge nahe, wurde schon vorexerziert: Daten sind auch für Analysen zur Weiterentwicklung der Gesundheitsversorgung frei nutzbar, wenn sie pseudonymisiert nach gesetzlichen Rahmenvorgaben verwendet werden. Jens Spahn hatte die von mir favorisierte Widerspruchslösung noch verworfen, obgleich Österreich damit gute Erfahrungen gemacht hatte. Mittlerweile hat sich das geändert, Karl Lauterbach hat sich auf den Weg in diese Richtung gemacht. Ein gutes Zeichen, das Hoffnung macht. Es bleibt abzuwarten, wie stringent der Gesetzgeber reguliert.

Digitalisierung folgt dem Eigennutzen

Karl Lauterbach hat erkannt, dass eine Digitalisierungsstrategie gut und überzeugend erklärt werden muss, will man die Menschen dafür gewinnen. Er erzählt deshalb von den Vorteilen, die mit Einführung der ePA entstehen werden. Er zielt dabei auf technische Vorgänge wie das E-Rezept, weniger Doppeluntersuchungen.

Fraglich, ob das allein die Patienten überzeugt. Und was haben die Beschäftigten in den Kliniken davon? Was die niedergelassenen Ärzte? Es gilt eben auch denjenigen den Nutzen zu erklären, von denen die Maßnahmen zur Digitalisierung eingefordert werden.

Führt die ePA etwa zu Verbesserungen für die Beschäftigten? Nun, zunächst bedeutet das Ganze einen größeren Aufwand. Und eine Umgewöhnung wegen der damit verbundenen Abkehr vom Bekannten, Erprobten, vom Standard.

Verdient der niedergelassene Arzt mehr, wenn er seine Zeit in Digitalisierung investiert? Eventuell arbeitet er ohnehin schon digital – anders als die Kliniken –, um seinen Praxisalltag effizienter zu gestalten. Einige Ärzte haben damit begonnen, die Anamnese beispielsweise mit digitalen Begleitern zu optimieren, sowohl im Ablauf als auch in der Dokumentation und personalisierten Auswertung. Wenn es E-Rezepte gibt, braucht der Arzt weniger Rezeptblöcke, Marginalie. Aber: Dürften künftig Rezepte nach personalisierten Daten durch KI vorkonfiguriert werden, evaluiert durch ergänzende Daten aus dem individuellen Tracking oder für chronische Patienten – bei Bedarf nach telemedizinischem Kontakt – automatisch ausgestellt und versendet werden? Eine durchaus sinnvolle Entwicklung, wenn es dafür – aus Sicht des Arztes – in etwa das gleiche Geld für ihn gibt wie für das Ausstellen herkömmlicher Rezepte nach bisheriger quartalsweiser Einbestellung. Er hätte damit bei diesen Patienten wenig verloren und zugleich Zeit gewonnen für andere Patienten.

Mein Fazit aus den beschriebenen Entwicklungen: Es braucht Digitalisierungsstrategien, die den Eigennutzen der Beteiligten adressieren. Es braucht eine finanzielle Unterstützung zur Umsetzung, die nicht wie bisher dem Prinzip der Gießkanne folgt, sondern strikt auf den definierten Nutzen abstellt. Es braucht daher auch nur insoweit konkrete Zielprojekte, als diese zur Verbesserung der Versorgung beitragen. Es handelt sich inhaltlich eben nicht um IT-Digitalisierungsprojekte. Es geht nicht um herkömmliche Digitalisierung, es geht vielmehr um die Realisierung digitaler Gesundheitsprojekte.

Gesunde Digitalisierung folgt inhaltlich den maßgeblichen Versorgungsthemen, nicht umgekehrt. So haben uns das schon die großen Digitalplayer in anderen Lebensbereichen und Branchen vorgemacht. Nur das, was den User überzeugt, was ihm nutzt, was einfach zu bedienen ist und – ja – was auch Spaß macht, wird sich am Ende durchsetzen. Erst nachdem sich der Mensch im digitalen Umfeld aufgehoben und wohlzufühlen begonnen hatte (und damit zum „User" wurde), wurde aus der Digitalisierung ein Fundus für Geschäftsideen. Diese Wahrheit gilt eben auch für das Thema Gesundheit.

Wenn sich die Menschen – wie in anderen Ländern bereits Alltag – in allen Bereichen des Gesundheitswesens an die digitale Terminvergabe gewöhnen, den direkten Arztkontakt nach ihrer App-Wahl, den einfachen Austausch der Befunde aus ihrer Patientenakte, gute Antworten auf alltägliche Gesundheitsfragen auf ihrem Smartphone, weil es ihnen angenehm, hilfreich und nützlich erscheint, dann werden sie Digitalisierung gutheißen und ihre Daten dafür zur Verfügung stellen.

Wenn die Beschäftigten in den Kliniken erkennen, dass die digitalen Begleiter ihre Arbeitsabläufe vereinfachen, ihnen so mehr Zeit zurückgeben für das, weswegen sie den Beruf einst ergriffen haben, nämlich für ihre Patienten, dann werden sie gerne mitmachen.

Wenn die niedergelassenen Ärzte erleben, dass Digitalisierung den Praxisalltag erleichtert, dass sie mit Telemedizin mehr Menschen behandeln können, bei guter Qualität und weniger Terminstress für alle, und damit zusätzliche Erlöspotenziale erschließen können, dann werden sie ihre Arbeitsweise darauf umstellen.

Ein neues Rad, damit Digitalisierung rundläuft

Damit Digitalisierung rundläuft, braucht es ein digitales Rad. Ein stabil konstruiertes, leichtes und gut ausgewuchtetes Rad. Es braucht dafür eine kausale Verknüpfung des Eigennutzens in der Gesundheitsversorgung gemäß dem in Episode #2 beschriebenen Grundsatz „Folge dem Geld!".

Übertragen wir die dort erläuterten Elemente der Gesundheitsagenda auf die Digitalisierung, dann gilt: Bei der Kalkulation und Bereitstellung der Budgets für die Schwerpunktthemen der Gesundheitsagenda sind auch die erforderlichen Mittel für eine diese Agenda konkret fördernde

Digitalisierung zu berücksichtigen. Es darf keine gesonderten, von den Schwerpunktthemen losgelösten Digitalisierungsbudgets geben. Das eine geht nicht ohne das andere. Das stellt sicher, dass die Akteure digitale Optionen praktisch umsetzen. Denn nur dann erhalten sie Zugang zu dem dafür bereitgestellten Budget.

Das Ganze startet am besten dort, wo die Motivation am größten ist: wo sich Leistungsanbieter regional in einem Versorgungscluster zusammenschließen und für die Umsetzung digitaler Lösungen in der Region bewerben. Das ermöglicht ein unterschiedliches Tempo in unterschiedlichen Teilen Deutschlands. Das wiederum schafft mit der Zeit durch erfolgreiche Piloten gute Beispiele und damit Vertrauen in praktikable Lösungen. Es bedeutet, dass wir von der bislang vorherrschenden Idee abkommen, das gesamte deutsche Gesundheitswesen müsse auf einen Schlag und in jeder Hinsicht komplett digitalisiert werden. Nein! Es genügt, wenn wir diejenigen Regionen in Deutschland digital bewegen, die transformieren wollen – und dies dank ihrer regionalen Marktkenntnisse und vertrauten Partner sowie Strukturen auch können.

Kommen wir zurück zu den fünf Volkskrankheiten, die ich in Episode #2 als Schwerpunktthemen für die Gesundheitsagenda vorgeschlagen habe: Herz-Kreislauf-Erkrankungen, Diabetes, Krebs, Rückenschmerzen, Depressionen. Wie könnte eine gelungene Verknüpfung mit digitalen Strategien hier jeweils aussehen?

Bei den Herz-Kreislauf-Erkrankungen wären beispielsweise die digitalen Tracker von Relevanz, sei es für die präventiv begleitende oder eine nachsorgende Überwachung. Bei Diabetes wären es verpflichtend auszuführende Programme, die digital begleitet eine bewusstere Lebensführung und

Ernährung unterstützen. Niedergelassene Ärzte und Kliniken, die daran teilnehmen wollten, müssten sich auf ein solches digitales Umfeld einstellen, die hierfür erforderlichen Digitalisierungsschritte umsetzen unter Nutzung der hierfür im Budget vorgesehenen Förderanteile.

Beim Thema Krebs bestünde die Chance, endlich das gesamte Spektrum der Krebsvorsorge voll digital abzudecken, einschließlich etwaiger familiärer Prädispositionen. Es wären konkret digitale Werkzeuge für die radiologische Befundung, chemische Behandlung und strahlentherapeutische Begleitung auszuwählen. Gleiches gilt für die genotypischen Analysen und sonstige Befundungen, egal ob aus Laboren oder durch Pathologien. Sektoren wären, wie dargelegt, irrelevant. Ergebnisse würden am Ende den Ausschlag geben, welche digitalen Angebote genutzt werden können innerhalb der hierfür ausgestatteten Budgets für Krebs.

Für Rückenschmerzen ließen sich Lebenshilfen aus dem digitalen Diabetes-Behandlungspfad adaptieren, hinzu kämen Bewegungsprogramme, die – einmal für Rückenschmerzen entwickelt – auch für andere orthopädische Fragestellungen im Rahmen einer ambulanten Rehabilitation genutzt werden könnten. Ein weiterer Baustein ist die digitale Vorbereitung für anstehende endoprothetische Eingriffe. Depressionen schließlich wären Teil eines Gesamtkonzeptes zur digitalen Begleitung mentaler Erkrankungen.

Ähnliches gilt für die in Episode #2 dargelegten Schwerpunkte alte Menschen und Kinder. Für alte Menschen würden digitale Begleiter die Medikation überwachen bzw. an die Medikamenteneinnahme erinnern, eine telemedizinische Betreuung zu Hause ermöglichen, eventuell gepaart mit adaptierter mobiler Pflege. An diesem Schwerpunkt Gesundheitsbudget für alte Menschen könnten endlich Pflegedienste,

Pflegeheime, Altenheime und Hospize teilhaben. Sie bekämen dadurch Mittel, um digital aufzurüsten, weg vom tiefen Graben der NO-Digitalität, dies nachweislich zum Nutzen der alten Menschen. Den aktiven und mobilen Senioren könnte man lange Wartezeiten in Praxen ersparen, ihnen stattdessen einen Arzt-Avatar anbieten, der vom eigenen Hausarzt bestückt wäre. Arztgespräche ohne Wartezeiten und mit zeitgleicher digitaler Dokumentation.

Eltern könnten digital dabei unterstützt werden, ihre chronisch kranken Kinder zu Hause zu betreuen, solange und so gut das häusliche Umfeld dies zulässt. Es gäbe auch einen digitalen Kinderarzt, der Alltagsfragen beantwortet, bei denen sich junge Eltern aus Unerfahrenheit sonst häufig in die Notaufnahme flüchten. Für die Kinder selbst könnten digitale Mutmacher den nächsten Gang zum Arzt vorab kindgerecht erklären und Ängste nehmen.

Beispiele, die es digital fast alle schon so oder ähnlich irgendwo auf der Welt gibt. Sie könnten im Rahmen einer Gesundheitsagenda identifiziert und den Schwerpunkten zugeordnet werden. Für alte Menschen könnte das vielleicht auch ein Roboter sein, der häusliche Betreuungsaufgaben übernimmt. Dank KI-gestützter sprachbasierter neuronaler Netzwerke (insbesondere die bekannten Chatbots) lassen sich diese Möglichkeiten insbesondere im Bereich Gesundheitswesen weiter ausdifferenzieren.

Kommen wir schließlich zum dritten Schwerpunkt meiner Gesundheitsagenda in Episode #2: Rettungswesen, Notfallaufnahmen und Intensivmedizin.

Es wird Frühling im Jahr 2018. Ich bin mit Kollegen aus der Geschäftsführung auf Stippvisite in der Notaufnahme der Helios Klinik in Berlin-Buch. Wir starren neugierig auf die Bildschirme, hören aufmerksam dem Notfallmediziner zu, der uns sein Projekt zur digitalen Vernetzung des Rettungswesens erläutert. Mit dabei sind auch Kollegen aus Südafrika, Danie Meintjes, CEO von Mediclinic, und sein damaliger Chefmediziner Ronnie van der Merwe.

Es gibt nichts Gutes, außer man tut es

Wir tauschten uns regelmäßig aus. Ich hatte ein fachliches Interesse an Hirslanden, der größten privaten Klinikgruppe der Schweiz, die zu Mediclinic International PLC gehört. Dort bin ich drei Jahre zuvor bei einer Führungskräftetagung aufgetreten und erstmals Danie Meintjes begegnet. Wir tauschten Sichtweisen und Benchmarks zu Sachkosten aus, sprachen über europäische Märkte im Gesundheitswesen. Wir stellten während der Tagung fest, dass die Denk- und Herangehensweise der Schweizer Kollegen gut passte zu dem, was wir bei Helios taten. Südafrika schien ferner, wir fokussierten auf kollegiale Analysen und den Austausch von Benchmarks.

So kamen wir also 2018 in die Notaufnahme der Helios Klinik Berlin-Buch. Wir widmen uns einem Pilotprojekt im Rettungswesen in Berlin-Brandenburg. Dessen Kern ist, dass vom Rettungswagen oder Hubschrauber aufgenommene Notfallpatienten schon vorab ans System der Notfallaufnahme gemeldet werden mit allen relevanten Informationen zum Patienten, Anamnese, Diagnose, erste Einschätzung der Verletzungen. „Damit erhalten wir Ärzte", so resümiert der Notfallmediziner, „entscheidenden Vorsprung für die Vorbereitung. Wir können schon digital vortriagieren, den Fast-Track für den Patienten vorbereiten." Das alles war damals tatsächlich alles andere als selbstverständlich. Noch heute gibt es das nicht überall, obgleich so logisch, einfach und effizient. Und in der Tat viel einfacher, wenn es eine eigene ePA des Patienten gäbe.

Karl Lauterbach blickt in der geplanten Gesundheitsreform auch auf die Notfallversorgung, allerdings aus einer anderen Perspektive, konzentriert auf die Aspekte eines infrastrukturellen Sicherstellungsauftrags und der Finanzierung von Vorhaltekosten. Krankenhäuser sollen demnach in Leistungsgruppen verschiedener Level eingeordnet werden. Jedem dieser Level sollen Vorhaltekosten zugeordnet werden, bei Krankenhäusern mit Notfallversorgung umfasst dies prospektiv auch die diesbezüglichen Vorhaltekosten. Über die konkrete Ausgestaltung gibt es zwar noch kein Einvernehmen, am Ende dürfte es aber auf eine ähnliche Mechanik hinauslaufen, wie wir sie seit 2019 aus dem Pflegebudget kennen: Die Vorhaltekosten werden aus dem DRG-System ausgegliedert und künftig im Wege der Kostenerstattung bezahlt. Die Krankenhäuser erhoffen sich damit eine geringere Abhängigkeit von den (fallenden) Fallzahlen und mehr Sicherheit beim kritischen Thema der Liquidität.

Es scheint mir nicht logisch und schon gar nicht zielführend, gerade jetzt eine solche Generalhilfe per Gießkanne für alle deutschen Krankenhäuser aufzusetzen, da die Experten eine erhebliche Reduktion der Krankenhausstandorte in Deutschland fordern. Auch das Thema habe ich in den Episoden #1 und #2 ausführlich dargestellt. Karl Lauterbach hat diesen Aspekt unter einem von ihm so genannten „Konzentrationsprozess" technisch bedacht und eine perspektivische Korrektur der Vorhaltekosten nach Entwicklung der Fallzahlen und Fallschwere vorgesehen. Heißt in einfachen Worten: Das Thema ist nicht vom Tisch, es wird nur zeitlich nach hinten geschoben.

Die derzeit faktische Bereinigung geschieht durch das Vakuum, das durch den politischen Streit zwischen Bund und Bundesländern entstanden ist. Das führt aktuell zu einem – allerdings unkontrollierten – Insolvenzbooster. An sich eine von Karl Lauterbach clever auf den Weg gebrachte Pokerpartie. Zumal er für die Scharfschaltung der Vorhaltekosten eine Konvergenzphase vorsieht, was eine mehrjährige Hängepartie bedeutet. Wie gesagt, an sich clever, wenn es denn dabei nicht um das Risiko einer ungewollten Fehlentwicklung ginge, was ich mit dem Begriff Kamikazepolitik beschrieben habe. Karl Lauterbach hat es mittlerweile geschafft, sich damit bei fast allen Akteuren zu diskreditieren. Nicht wegen der unterschiedlichen Auffassungen, das ist in der Politik und bei den Akteuren im Gesundheitswesen Normalzustand, sondern wegen der Tonalität im Umgang. Ein Kollege meinte vor kurzem, Karl Lauterbach habe zu oft zu viele vor den Kopf gestoßen. Ein Stil, der während der Pandemie funktioniert habe, heute vermutlich aber kein adäquates Mittel, um für eine Reform zu werben. Das klingt plausibel. Andererseits bin auch ich ein Befürworter deutlicher Sprache.

Daher bleiben in meinem vorstehend beispielhaft beschriebenen Vorschlag künftig konkret begleitende Maßnahmen der Digitalisierung Teil der Budgets einer Gesundheitsagenda, also im dritten Schwerpunkt Teil der Optimierung des Rettungswesens, der Notaufnahmen, Intensivmedizin. Mein Modell würde nicht auf die Kosten einer Vorhaltung abstellen, sondern auf die qualitative Verbesserung der Abläufe. Bei meinem Vorschlag würden nicht alle Krankenhäuser profitieren, sondern nur diejenigen, die sich entweder in einem regionalen Versorgungscluster (Episode #1) durchsetzen. Oder es würde als Partner der Gesundheitsagenda im Teilbudget des Schwerpunkts Rettungswesen, Notfallaufnahmen, Intensivmedizin (Episode #2) mitbedacht.

Digitalisierung ist ein Muss –aber nicht überall um jeden Preis

Zurück in der Notaufnahme in Berlin-Buch. Ich erläutere den Südafrikanern die Einführung von Monitoren, die den Patienten nach jeweils aktueller Triage und Personalverfügbarkeit in Echtzeit mitteilen, wie lange sie voraussichtlich noch warten müssen. Ich zeige, wie das in der Notaufnahme funktioniert, welche Vorteile es bringt. Ich erzähle von den Herausforderungen in der Umsetzung, zum Beispiel die jeweils aktuelle Verfügbarkeit der Ärzte im Algorithmus abzubilden. Stolz weise ich auf Tablets hin, die wir an die Patienten verteilen. Ein Pilotversuch, um den dort Wartenden die Möglichkeit zu geben, einen ersten Symptomcheckbogen auf dem Tablet auszufüllen. Damit wird die Zeit überbrückt und wir erhalten digital schon die ersten relevanten Daten für Anamnese und für eine Triage. Ja, es braucht etwas Geduld und Mühe, die Patienten mit dieser neuen Lösung vertraut zu machen. Wir stellen, ähnlich wie zu Beginn bei den Kartenautomaten an Flughäfen oder heute bei den Schnellkassen in Super- und Baumärkten, extra Personal zur Verfügung, das den wartenden Patienten beim Ausfüllen am Tablet hilft. Einmal gemacht und erlebt, gibt es aber kaum noch Beschwerden. Das neue System findet Akzeptanz und funktioniert gut.

Wir verlassen die Klinik und machen uns auf den Weg zum Flughafen, zufrieden und gut gelaunt, weil beeindruckt und auch ein wenig beflügelt von dem, was wir gesehen und gehört haben. Unterwegs entwickelt sich ein Gespräch über eigene Zögerlichkeiten bei der Umsetzung von echten Innovationen in Deutschland wie in Südafrika. Ich frage mich im Stillen, an welchem Rad wir eigentlich drehen müssten, um digital etwas zu bewegen – und allmählich fügt sich eine Antwort, meine Antwort. Befördert durch den Blick auf Deutschland von außen, die Erfahrungen in Spanien und meine vielen Gespräche mit den unterschiedlichsten Experten.

Digitalisierung kann einen großen Beitrag für ein besseres Gesundheitswesen leisten. Mehr noch: Digitalisierung ist ein Muss, um eine effiziente, bedarfsgerechte, gute Gesundheitsversorgung für alle zu schaffen. Wer indes flächendeckend zur Digitalisierung aufruft, ohne dabei vorab zu klären, welche Infrastruktur wie und wo künftig mit digitaler Vernetzung den Menschen tatsächlich helfen wird, der verbrennt Geld und frustriert die Menschen, die in der Gesundheitsversorgung arbeiten. Politisch braucht es eine stringentere Strategie für digitale Gesundheitsprojekte.

Bei der Umsetzung muss die Politik den Menschen überzeugend vermitteln, welchen konkreten Nutzen Digitalisierung für die eigene Versorgung bzw. für die eigene Tätigkeit faktisch bringt. Auch hier gilt der Grundsatz „Folge dem Geld!". Dies sollte jedoch nicht nach der Gießkanne im Flow von Jahrzehnten an IT-Projekten oder in einem neu regulierten Bestellkatalog für Health-DigiApps verschwinden. Es gehört klug und gezielt investiert in Projekte zu definierten Versorgungsaufträgen, die einen messbaren und wesentlichen Beitrag zur Verbesserung der Versorgung leisten. Gesunde Digitalisierung folgt inhaltlich den konkreten Versorgungsthemen, nicht umgekehrt. Dann kann Digitalisierung im Gesundheitswesen gelingen.

Episode #8
Gesundheit in einer global vernetzten Infrastruktur

In meiner Analyse kommt das deutsche Gesundheitswesen nicht gut weg. Das heißt aber nicht, dass das deutsche Gesundheitswesen schlecht ist. Es genießt ein hohes Ansehen in der ganzen Welt. Nur bleibt es heute weit hinter dem zurück, was möglich wäre. Das wurde in den ersten sieben Episoden beispielhaft aufgezeigt, auch mit einigen Hinweisen, wie und wo sich etwas verbessern ließe.

Prinzipiell könnte es naheliegen, ein hoch entwickeltes Gesundheitssystem wie das deutsche einfach auf andere Länder zu übertragen. Das ist aber nicht möglich, da unbezahlbar, sofern wir in Maßstäben der Infrastruktur denken. Wenn wir hingegen vom tatsächlichen Bedarf der Menschen her denken und dies mit den heutigen technischen bzw. digitalen Möglichkeiten verknüpfen, können wir Gesundheitsdienstleistungen „asset light" aus Deutschland heraus anbieten. Also nicht so, wie man sich das üblicherweise bei einer Exportnation vorstellt. Denn es geht nicht mehr in erster Linie darum, Medizinprodukte oder Medizingeräte in andere Länder zu verkaufen, dort hinzustellen, aber mangels Strukturen oder Ressourcen viel zu oft überhaupt nicht oder nicht bedarfsgerecht zum Einsatz zu bringen. Gleiches gilt für einige der zum Teil völlig überdimensionierten Prunkbauten von Krankenhäusern in anderen Ländern, die in den letzten Jahrzehnten für gutes Geld dorthin „exportiert" wurden. Es geht jetzt vor allem darum, unser Wissen und unsere bestehende Infrastruktur als Netzwerke für eine telemedizinische Begleitung von Gesundheitsdienstleistern, Ärzten und Patienten in diesen Ländern zu entwickeln.

Ein verrückter Gedanke, meinen Sie? Ein wenig an der Realität vorbei? Mag sein, jedenfalls heute noch, aus deutscher Sicht.

Gesundheit als Dienstleistung an und für Menschen

Nun, es wäre nicht das erste Mal, dass die Vorstellungskraft neue Realitäten schafft, die für viele undenkbar erscheinen, morgen indes schon Normalität sind – siehe zahlreiche Entwicklungen dank künstlicher Intelligenz. Ich stelle mir vor, dass es um Gesundheit geht als eine Dienstleistung an und für Menschen. Und ich reflektiere, in welcher Form Gesundheitsversorgung heutzutage schon anderweitig telemedizinisch und vernetzt erbracht wird. Beides macht die Idee ein gutes Stück greifbarer.

Beginnen wir damit, wie wir heute in Deutschland Krankenhäuser bauen. Wir lieben in Deutschland große Infrastruktur. Wir lieben es, neue Krankenhäuser zu bauen. Wir fokussieren heute allenfalls auf digitale Optimierung der bisherigen Bauweise, die vor allem darauf abzielt, die Abläufe zu verbessern und Kliniken nachhaltiger zu machen. Und geben dafür viel Geld aus. Nur wenn der Bau endlich fertig ist, sind fünf bis zehn Jahre vergangen.

Es ist November 2016. Ich sitze auf einer Bierbank in einem Zelt auf einer Baustelle in Wiesbaden. Es ist die Grundsteinlegung für ein großes und prestigeträchtiges Bauprojekt: für den Neubau unseres Klinikums in Wiesbaden, übernommen als ein Projekt zwei Jahre zuvor ebenfalls als Bestandteil der Rhön-Transaktion. Für ein Klinikum der Maximalversorgung,

Gesamtinvestition über 300 Millionen Euro. Ein Leuchtturm wird es werden für die Region. Wenn der Neubau fertig ist. Dieses Jahr, also 2024, im Jahr acht nach der Grundsteinlegung, ist es endlich so weit. Kein Versäumnis, schlicht Fakt in einem Umfeld, das von Pandemiejahren geprägt war, Ausfällen in Lieferketten, Knappheit von Baumaterialien, Diebstählen auf der Baustelle, Insolvenzen von Teilgewerken und so weiter. Wie das eben so läuft auf Baustellen. Es wird anders gebaut als früher, was die Räumlichkeiten betrifft. Es gibt thematisch übergreifende medizinische Zentren, die interdisziplinär zusammenarbeiten. Es gibt moderne Betriebstechnik unter Berücksichtigung neuer Themen wie Sicherheit, Nachhaltigkeit, natürlich auch alle Themen der Netzwerkanbindung. Und doch scheinen mir die langen Bauzeiten im Gesundheitswesen irgendwie kontraproduktiv, wie aus der Zeit gefallen.

Modulare Innovationsbooster zum Bau von Gesundheitseinrichtungen

„Ginge das nicht besser?", lautet deswegen meine Frage an Bauexperten im Jahr 2023. Die Zukunft braucht schließlich mehr als das. Wir brauchen intelligentere Ideen für den modularen Bau von Kliniken. Wir brauchen neue Konzepte für kleine und mobile Gesundheitsstandorte. Ein agiles, schnelles, flexibles, nachhaltiges Bauen. Es braucht ein grundsätzlich neues Denken. Ich hatte mit einem Helios-Team gerade ein Konzept zu medizinischen Containern – von uns „Cube" getauft – entwickelt, die je nach Bedarf modular zusammengestellt und ausgestattet werden können. Es entspringt der Idee, in Ballungsräumen mit vielen Menschen und wenigen Gesundheitseinrichtungen oder in ländlichen Gegenden ohne Ärzte bzw. Kliniken Zugang zur medizinischen Versorgung zu schaffen – telemedizinische Begleitung aus unserem bestehenden

Ärztenetzwerk inklusive. In Leipzig bei der Eröffnung eines „Show Cubes" beschreiben die Medien das Konzept als eine Praxis ohne Arzt.

Bei der Konzeption des Cube hatten wir mit der Industrie darüber gesprochen, wie sie heutzutage ihre teuren Medizingeräte in Entwicklungsländern aufstellt, falls dort kein Raum dafür vorhanden ist. Intelligente Antworten fand ich jüngst in einem ausgereiften Konzept mit mobilen Medizinmodulen, das seit 2019 aus der Containeridee entwickelt und nach dem Bausteinprinzip „legoartig" ausgearbeitet wurde. Ich erkenne darin eine echte Chance für die Zukunft der Gesundheitsversorgung. Nicht nur für Entwicklungsländer, vielleicht künftig auch für Kliniken in Deutschland, wo es nach Bereinigung der Infrastruktur um die Frage geht, wie flächendeckend eine ausreichende Grundversorgung gewährleistet werden kann. Im Grunde ist das nicht neu, als Notlösung längst bekannt und praktiziert, etwa als Ausweichquartiere auf Zeit. Oft haben wir uns bei Ersatzbauten für unsere Kliniken Containerlösungen ausgesucht, an geeigneten Stellen platziert und an die Infrastruktur vor Ort angebunden. Wir haben festgestellt, dass das in vielen Fällen gut funktioniert. Meistens wurden solche „Notlösungen" dann sogar dauerhaft beibehalten.

Mit weniger Ressourcen mehr Menschen versorgen

Wir könnten so also ein globales Netzwerk etablieren mit Kooperationen, der Bündelung von Ressourcen und ggf. auch Integration vorhandener Assets. Wir müssten nicht immer große Infrastruktur bauen, kaufen, mieten, um Gesundheitsdienstleistungen erbringen zu können. Die Menschen könnten agil vernetzt werden mit einer adaptierten Infrastruktur. Digital Health schafft mit KI die technische Basis dafür, Gesundheitsdienstleistungen global zu skalieren. Damit verbunden wäre ein fundamentaler Wandel der bis heute tradierten Healthcare-Business-Strategien. Bislang ging es allen meist darum, möglichst viel Infrastruktur im Buy and Build zu einer Gruppe auszubauen, die durch Standardisierung Effizienzen und Synergien ausschöpft. Künftig geht es darum, eine vorhandene Infrastruktur auf das zu adaptieren, was einerseits tatsächlich gebraucht wird (Bedarf), was andererseits realisierbar ist (Ressourcen).

Wachstum ist nur da und in dem Maße möglich, wo beides zusammenpasst. Sowohl Bedarf (Prävention kommt dabei vor Intervention) als auch Ressourcen (Mangel an Fachkräften, Verfügbarkeit von KI-/digitalen Begleitern) haben sich weltweit in den letzten Dekaden maßgeblich verändert. Heutzutage ist mit der digitalen Revolution und der KI-Verfügbarkeit von Expertenwissen erstmals die echte Chance erkennbar, mit weniger Ressourcen künftig mehr Menschen den Zugang zu Gesundheitsdienstleistungen im Umfang und in einer Qualität zu ermöglichen, wie sie seit Bestehen der Menschheit nie möglich erschien. Ich fände es gut, wenn das deutsche Gesundheitswesen hier nicht als Beobachter an der Seitenlinie verharren, sondern die Zukunft der global vernetzten Gesundheitsversorgungsstrukturen aktiv mitgestalten würde.

Uns erwartet eine kulturelle Transformation der Systeme, verbunden mit der aktiven Abkehr von den bekannten Strukturen, wie wir Gesundheitsversorgung bislang organisieren. Nehmen wir beispielhaft nur zwei bekannte „Global Player“: China und die USA.

Innovationsbooster für funktionale Netzwerkstrukturen

In China macht uns das PingAn sehr beeindruckend und praktisch vor, mit dem ich mich bei der Entwicklung des Cube-Konzepts intensiv beschäftigt hatte. Wir sprechen hier über die chinesische Version einer integrierten Versorgung über ein Netzwerk. PingAns Good Doctor ist mit 250 Millionen registrierten Nutzern wohl die größte Telemedizinplattform der Welt. Gesundheitsdienstleistungen werden online, in den „PingAn Stores" oder für zu Hause angeboten. Als Partner sind in das Netzwerk 45.000 externe Ärzte, 10.000 Kliniken, rund 100.000 Gesundheitsdienstleister und über 200.000 Apotheken eingebunden. PingAn hat die Fühler aus China ausgestreckt, hält mittlerweile Kooperationskontakte zu weiteren 1000 Institutionen in 16 Ländern weltweit. Allein durch PingAn und deren Ärztenetzwerk werden beispielsweise über die mobilen Gesundheitskabinen jährlich knapp 800 Millionen Menschen ambulant behandelt. Dies wird ermöglicht durch neue KI-Algorithmen und die telemedizinische Begleitung. Die Menschen setzen sich in Kabinen, die den Fotoautomaten auf deutschen Bahnhöfen und Flughäfen ähneln. Medikamente gibt es per E-Rezept aus den beigestellten Automaten, die wiederum unseren Getränkeautomaten ähneln.

Blick in die USA auf Kaiser Permanente. Es handelt sich um ein Gesundheitsnetzwerk, gebildet und betrieben von einem Konsortium aus Krankenversicherung, Kliniken und Ärzteorganisation. Es versorgt insgesamt 12,5 Millionen Mitglieder, deren Versicherung in der Regel vom Arbeitgeber bezahlt wird. Auch wir haben uns mit Kaiser Permanente in Benchmarks verglichen. Kaiser Permanente vernetzt als Infrastruktur heute 40 Kliniken, 618 Gesundheitszentren, 24.600 Ärzte und 73.600 Pflegende. Die Gesundheitsversorgung wird erbracht in acht Bundesstaaten, organisiert als Versorgungscluster. Es gibt kaum Wartezeiten, es gibt den direkten digitalen Zugang zum Arzt. Die Behandlung kennt keine Sektorengrenzen, sondern erfolgt stets funktional nach individuellem Bedarf.

Diese Beispiele ließen sich fortsetzten, wenn wir in andere Länder Asiens bzw. auch im Nahen Osten blicken. Sie zeigen, wie gut schon heutzutage Dienstleistungen im Gesundheitswesen vernetzt werden können. Sie zeigen auch, dass es beides braucht: eine bedarfsgerechte Infrastruktur und deren agile Vernetzung. Und sie stellen uns vor die Frage, ob wir uns dazu künftig auch einen Beitrag aus Deutschland vorstellen könnten. Warum sollten nicht auch wir dabei helfen, Versorgungsnetzwerke zu bauen, aus denen heraus Menschen in Ballungsräumen oder in Entwicklungsländern versorgt werden? Die ärztliche Kompetenz und die Ressourcen dafür hätten wir jedenfalls.

Dabei ist indes zu beachten, dass sich der konkrete medizinische Bedarf in den Bevölkerungen dieser Länder erheblich vom Bedarf der deutschen Bevölkerung unterscheidet. Dort gibt es im Gegensatz zu Deutschland in der Regel noch relativ wenig alte, dafür recht viele junge Menschen. Diese benötigen – abgesehen von Unfällen oder chronischen Krankheiten – weniger stationäre Behandlungen, sondern vor allem eine effektive ambulante Versorgung inklusive der präventiven Begleitung dort zu beobachtender junger Volkskrankheiten.

Wie wäre es also, wenn wir es schaffen würden, das Wissen und die Kapazitäten aus infrastrukturstarken Gesundheitssystemen mit den heutigen Möglichkeiten telemedizinischer Behandlung zu verknüpfen? Diese als deutsche digitale Form der Medizin „Made in Germany“ anböten, ggf. ergänzt durch KI-gesteuerte Diagnostikmaschinen und digitale Therapiebegleitung. Wie wäre es, wenn unsere Ärzte ein Expertennetzwerk bildeten für die lokalen Ärzte, bei Bedarf mit der Option einer aus der Ferne in Echtzeit bedienten Roboterchirurgie? Wir wissen aus konkreten Projekten in Afrika, dass die wenigen ärztlichen Kollegen vor Ort genau das bräuchten, um gut zu versorgen.

Wir sind heute in der Lage, an jedem Ort dieser Welt – vorausgesetzt es besteht eine ausreichend stabile Internetverbindung – Gesundheitsdienstleistungen auf dem Niveau von Hausärzten, teilweise auch von Fachärzten zu erbringen, indem wir eine konkret beschulte Betreuung vor Ort mit unseren Fachleuten verbinden. Es braucht vor Ort hierfür kompakte mobile, telemedizinisch vernetzte Gesundheitsboxen (Cube) als raumgebundene Anlaufstellen. Zum ersten Mal in der Menschheitsgeschichte wären wir in der Lage, Milliarden von Menschen einen günstigen, bedarfsgerechten Zugang zu medizinischer Grundversorgung anzubieten – und zwar „asset light", also ohne teure Investitionen. China und andere Länder machen es uns vor. Das deutsche Gesundheitswesen könnte dabei künftig eine neue Rolle spielen. Wenn wir es wollen und lernen, bisherige Denkweisen abzulegen und über den Rand unseres eigenen Suppentellers zu blicken.

Episode #9
Die Wahrheit ist zu schlau, um gefangen zu werden

Den einen mögen meine in den vorangegangenen Episoden beschriebenen Szenarien utopisch vorkommen und als hier derzeit nicht umsetzbar erscheinen. Andere werden sie als bloße Banalitäten abtun. Gewisse Akteure werden sie technisch zerpflücken auf das Un-Realistische und Un-Machbare.

Dem halte ich in Abwandlung eines Zitats des kleinen Prinzen entgegen: Wenn man bei Transformation immer nur geradeaus geht, kann man nicht sehr weit kommen. Der ergänzt weiter: Um klar zu sehen, genügt oft ein Wechsel der Blickrichtung. Ich füge hinzu: und das Vertrauen darauf, dass sich am Ende die Wahrheit durchsetzt. „Sie ist zu schlau, um gefangen zu werden", lautet ein Zitat von Wilhelm Busch. Es schenkt mir Zuversicht, dass Transformation doch gelingen kann.

Meine Episoden zeigen anekdotisch alltägliche Zustände im deutschen Gesundheitssystem auf und sie sollen den Wechsel der Blickrichtung anstoßen. Für Kenner des Gesundheitssystems ist gut Bekanntes dabei. Aber ist das nicht genau das, was uns nachdenklich stimmen sollte? Dass wir uns seit Jahrzehnten tatsächlich großenteils mit Banalitäten beschäftigen und dabei nur mit Trippelschritten weitergekommen sind? Banalitäten, die in selbst geschaffener Komplexität untergehen und in politischen wie medialen Diskussionen zerpflückt werden? Das stiftet allerorten Frustration und Verwirrung.

Deswegen schreibe ich darüber, was sich aus meiner Sicht dringend ändern müsste.

Beginnen wir mit der Umsetzbarkeit. Alle genannten Möglichkeiten sind umsetzbar, das haben andere Nationen in deren Gesundheitswesen schon gezeigt. Wo ein Wille ist, kann es deshalb auch uns gelingen, wenngleich es gesetzlicher Regelungen, vielleicht sogar einer verfassungsrechtlichen Korrektur bedarf, etwa bezüglich der Bundes- und Länderzuständigkeiten, um den gordischen Knoten eines gesundheitsschädlichen Schwarzer-Peter-Spiels zu durchschlagen. Zudem braucht es in vielen Details technisch-regulatorische Adaptionen und Korrekturen.

Deswegen passt das Prädikat „unrealistisch" hier kaum. Vieles davon ist irgendwo auf der Welt bereits Realität. Unmöglich ist es ebenso nicht, im Gegenteil: eher selbstverständlich. Bleibt der Einwand des Un-Machbaren, einer Utopie. Beides ist für mich kein Grund zum Resignieren, sondern eher Ansporn, das Richtige zu tun.

Die sogenannte Utopie beschreibt ein durchaus realistisches, also umsetzbares Vorhaben, das allenfalls an mangelnder Vorstellungskraft und an mangelndem Umsetzungswillen scheitern könnte. So wie in den letzten beiden Jahrzehnten, in denen wir mitansehen mussten, wie eine Reform nach der anderen zu frustrierenden Ergebnissen führte: Rückschritte, Beharren im Altbekannten und eine Perpetuierung der Unzufriedenheit bei allen Akteuren.

Die Türöffner für eine Transformation

Wir können heute die Ketten sprengen, die das deutsche Gesundheitswesen davon abhalten, den Weg einer echten Transformation zu beschreiten. Es sind zwei fundamentale Parameter, die es erfolgversprechend erscheinen lassen, gerade jetzt damit zu beginnen. Wie für jede erfolgreiche Transformation braucht es das ideale Timing und geeignete Spielräume.

Im Jahr 2012, nach knapp zehn Jahren trotziger Funkstille, treffe ich mich mit Eugen Münch, dem Gründer der Rhön-Klinikum AG. An einem neutralen Ort, in einer Weinlaube in Würzburg. Gemeinsam mit dem damaligen Chef von Fresenius, Ulf Mark Schneider. Wir bereinigen am Tisch zunächst die im Raum stehenden Vorbehalte. Eugen Münch war nach der Rhön-Niederlage bei der Privatisierung des Klinikums in Berlin-Buch sehr verärgert gewesen. Es war damals für den Pionier des deutschen Gesundheitswesens schlicht unvorstellbar, bei solch einer Transaktion gegen uns den Kürzeren zu ziehen. Ein, so die Wahrnehmung mancher Marktteilnehmer, dahergelaufener Halbitaliener hatte bei den Verhandlungen tatsächlich einen Weg gefunden, den Favoriten aus dem Feld zu schlagen. Das könne doch eigentlich nicht mit rechten Dingen zugegangen sein, schleuderte er mir seine ganz persönliche Sicht der Dinge in der Würzburger Weinlaube entgegen. Meine direkte Replik und knappe Analyse, dass Rhön in den Verhandlungen im Vergleich zu uns nicht gerade bescheiden und sparsam aufgetreten und nicht zuletzt am strategischen Ansatz gescheitert sei, die Kassen für die Übernahme bluten zu lassen, leuchtet ihm aber ein. „Wir haben uns selbst den Ball ins eigene Tor geschossen und deshalb zu Recht verloren“, sein Fazit. Verstanden, damit erledigt. So lassen sich Sachthemen behandeln und bereinigen.

Jetzt können wir entspannt und konstruktiv über das sprechen, was uns allen am Herzen liegt: über die Übernahme der Rhön-Kliniken durch Helios. Zunächst war die Akquisition der gesamten Rhön-Klinikum AG geplant, die wegen Interventionen anderer Aktionäre und einer deswegen knapp unter 90% liegenden Zustimmungsquote aber gescheitert war. Bernard gr. Broermann, der starke Mann hinter unserem Konkurrenten Asklepios, und Ludwig Georg Braun, Patriarch des Medizintechnikanbieters B. Braun, mochten unseren Rhön-Deal nicht. Der illustre Kampf wurde medial begleitet, detailliert beschrieben. Einmal gescheitert, setzten wir uns bei Helios intern für Alternativkonzepte zusammen. Das finale stammte federführend von Jürgen Götz, meinem damaligen Kollegen im Fresenius-Vorstand, ein brillanter Jurist und feiner Mensch, dazu ehrlich, bodenständig und findig. Gemeinsam mit dem damaligen Helios-CFO und Ulf Mark Schneider hatten wir beide schon im Jahr 2005 den Übergang von Helios an Fresenius über die Ziellinie gebracht – trotz vieler Hindernisse und emotionaler Hürdenläufe.

So klappte es auch dieses Mal. Wir modellierten das Konzept, fokussierten auf einzelne Rhön-Kliniken als Assets und stützten uns auf eine höchstrichterliche Entscheidung. Die war mir als Anwalt schon einmal begegnet in der Hauptversammlung der Aachener und Münchener Versicherungsgruppe Ende 1992. Ein erstes juristisch-unternehmerisches Lehrstück für mein Leben. Und es lohnt, zu kämpfen, lautete das andere Lehrstück, in Anlehnung an ein Zitat, das Bertolt Brecht zugeschrieben wird: Wer kämpft, kann verlieren. Wer nicht kämpft, hat schon verloren.

Wer nicht kämpft, hat schon verloren

Nun also, im Jahre 2012, zogen Bernard gr. Broermann und Ludwig Georg Braun aus, um unsere Übernahme der Rhön-Kliniken zu verhindern oder zumindest zu erschweren. Beim zweiten Versuch war unsere Position klug gefestigt, eine gute Ausgangslage für neue Gespräche. Ich kannte Bernard gr. Broermann schon aus früheren Begegnungen, durfte Ludwig Georg Braun nun auch kennenlernen und mit beiden jeweils gesondert verhandeln. Tatsächlich ging es nicht, wie in den Medien beschrieben, um Egoismen und Befindlichkeiten der beteiligten unternehmerischen Persönlichkeiten. Es ging um Sachargumente, berechtigte strategische und wirtschaftliche Sorgen.

Diese Sorgen konnten wir letztlich nehmen. Am Ende geschah, was möglich war. Ich begann mit der Konsolidierung von zwei Playern im deutschen Gesundheitswesen zu einer gemeinsamen Plattform, der Startpunkt für Europa. Wir hatten eine Größe und Durchdringung des Marktes erreicht, die uns ab 2014 zum privaten Träger Nummer 1 in Deutschland machten. Wir hatten die damals verkündete Transformation des deutschen Gesundheitswesens im Blick und verbesserten durch die Zusammenführung unsere Position. Dadurch waren wir in der Lage, für knapp 70% der Menschen in Deutschland eine unserer Kliniken im Radius von 30 Kilometern um den Wohnort anzubieten. Und wir konnten unsere Position nun auch ambulant stärken, unabhängig von den zwischenzeitlichen „Reformen" und sich verändernden Rahmenbedingungen im Gesundheitswesen.

Auf das Timing und das Ausnutzen von Spielräumen kommt es an, habe ich damals gelernt. Es braucht den richtigen Zeitpunkt. Es braucht ein gutes Basiskonzept. Es braucht Geduld und Intelligenz, um den Widerständen zu begegnen, sowie kluge Anpassungen. Und nicht zuletzt den Willen und die Kraft zur Umsetzung.

Wer nicht kämpft, hat schon verloren. So auch der Titel von Rita Süssmuths im Jahr 1989 veröffentlichten Buch über ihre Erfahrungen in der Politik. Sie ist bis heute eine der Lichtgestalten im Kampf für das Richtige und sie war zeitweise Gesundheitsministerin. Wir begegnen uns im Jahr 2013 im Kontext der Gründung einer privaten Hochschule am Rande einer Fachtagung in Berlin. Schnell sind wir uns darüber einig, dass sich alle Dinge verändern lassen. Wir sprechen über unser Gesundheitswesen, ich aus der Unternehmensperspektive, sie aus Sicht der Politikerin. Sie erzählt mir, dass sie jeden Tag die F.A.Z. liest, um informiert zu bleiben. Ich wende ein, dass Zeitungen zwar eine wichtige Informationsquelle sind, die Berichterstattung aber leider oft ideologisch eingefärbt sei. Und ich deshalb die Sorge hätte, von gut geschriebenen Artikeln derart beeinflusst zu sein, dass ich mir nicht mehr die Mühe machte, selbst über das Thema nachzudenken oder vielleicht sogar selbst zu recherchieren. Dann hätte ich zwar eine Meinung, aber im Grunde doch nur die der Zeitung. Sie muss lachen. „Vielleicht denke ich mal darüber nach", meint sie mit dem typischen Süssmuth-Schmunzeln. Was für eine Persönlichkeit! Wir sprechen über Kampfgeist, der uns beiden eigen ist. Über Niederlagen, über mediale Wettkampspiele im deutschen Gesundheitswesen und über das Kräftemessen in der Politik.

Wie etwa im Juli 2012: Verdi hat nach Berlin zu einer eigenen Bundespressekonferenz geladen. Frank Bsirske berichtet den Medien empört vom Manchesterkapitalismus und von Wildwestmethoden bei Helios, weil wir in einem von Verdi begonnenen Arbeitskampf gerade mehr als 1000 Beschäftigten gekündigt hatten. Das Ganze nach einer Übernahme der Damp-Kliniken-Gruppe, die wir auf gesunde Beine stellen mussten, und als unsere taktische Antwort auf von Verdi veranlasste Warnstreiks.

Wettkampfspiele auch im Gesundheitswesen

Der bei Damp damals bestehende Tarifvertrag sah vor, dass ausschließlich Beschäftigte mit Verdi-Mitgliedschaft Weihnachtsgeld erhalten. Also bestand eine hohe Verdi-Mitgliederdurchdringung. Wir fanden das nicht in Ordnung, weil es aus unserer Sicht Verdi-Mitglieder unangemessen bevorzugte. Die neuen Tarifforderungen fanden wir zudem nicht ausgewogen. Die Serviceleistungen für die Kliniken waren – in Abstimmung mit Verdi – ausgegliedert worden auf eine große Tochtergesellschaft mit über 1000 Beschäftigten. Verdi wählte nun clever einen Weg, der damals ziemlich neu war, heute zu den üblichen Gepflogenheiten zählt: Die Gewerkschaft rief zu Warnstreiks nur bei der Servicegesellschaft auf und konnte damit mittelbar den Betrieb in allen Damp-Kliniken lahmlegen. Die Kostenträger – darunter die DRV – stoppten sofort jegliche Zuweisung von Patienten mit der Begründung, dass die Versorgung mit Essen und die Reinigung nun möglicherweise nicht mehr sichergestellt werden könnten.

Eine Kündigung von Klinikbeschäftigten kam für uns nicht in Frage, da die missliche Situation von der Servicetochter durch Veranlassung von Verdi herbeigeführt worden war. Übersehen hatten die Verdi-Strategen indes, dass unsere Kliniken mit der Tochter einen Servicevertrag hatten, der von dieser nun nicht mehr erfüllt werden konnte. Das berechtigte und veranlasste die Damp-Kliniken zur außerordentlichen Kündigung des Servicevertrags. Die Kliniken mussten und wollten sich die nötigen Serviceleistungen anderweitig einkaufen, um weiterhin Patienten behandeln zu können. Nach der Kündigung des Servicevertrags musste die Geschäftsführung der Servicegesellschaft wiederum den eigenen Beschäftigten kündigen. So erhielten damals knapp 1000 Beschäftigte eine betriebsbedingte Kündigung. Das erwischte Verdi kalt und veranlasste Frank Bsirske, sich in der Bundespressekonferenz emotional Luft und medial Gehör zu verschaffen. Am Ende haben wir uns – wie üblich im Tarifgeschäft mit Gewerkschaften – geeinigt, beide Seiten konnten die für sie wichtigen Ziele erreichen.

Wir waren also wieder im Reinen miteinander. Das Umfeld aber offensichtlich nicht mit Helios. Es ging ins Persönliche. Stalker, Schmierereien, Drohmails, Nägel in Autoreifen. Und es wurde politisch. Angefangen mit Kundgebungen in Kiel, wo sogar der Ministerpräsident sprach.

Es passte in die damalige Zeit und bediente die politischen Opportunitäten. Ich lernte damals einiges über Menschen, Vorurteile und Zerrbilder, ebenso über die medialen Wettkampfspiele in Bezug auf das deutsche Gesundheitswesen. Und versuchte, die Themen proaktiv zu begleiten und gute Argumente zu bringen.

Die damals neuartige Verdi-Taktik ist heute Alltag und gehört zur üblichen Strategie in Tarifauseinandersetzungen aller Branchen. Wer Anfang 2024 in oder nach Deutschland unterwegs war mit Flugzeug, Bahn oder lokalen öffentlichen Verkehrsmitteln, der erlebte die neuen Wettkampfspiele. Bestreikt werden neuralgische Punkte in der Dienstleistungskette. Es genügt dann, nur wenige Gewerkschaftsmitglieder in Streiks zu lotsen, um sehr effizient den gesamten öffentlichen Verkehr in Deutschland für Tage lahmzulegen.

Gerangel und Kräftemessen!

Heftiges Gerangel und Kräftemessen gab es bei uns natürlich auch schon früher, allerdings ab 2014 wesentlich verschärft nach der Übernahme der Rhön-Kliniken. Der erste Gedanke für die Übernahme entstand 2011 beim Helios-Sommerfest Ende August in Kienbaum, dem Sportleistungszentrum in der Nähe von Berlin. Dort trafen sich jährlich rund 1000 Helios-Beschäftigte zu einer zweitägigen Olympiade. Mannschaften aus allen Kliniken traten in verschiedenen Sportarten an, um sich zu messen und ihren Teamgeist zu stärken.

In diesem Jahr führt die letzte Etappe einer 80-tägigen Teamreise entlang aller Helios-Standorte unter dem Motto „Helios – In 80 Tagen um die Welt“ (HIT) zum Zieleinlauf in Kienbaum. Die teilnehmenden Helios-Beschäftigten hatten sich zum Ziel gesetzt, in 80 Tagen von Klinik zu Klinik insgesamt 42.000 Kilometer für einen guten Zweck zu radeln, zu laufen und zu schwimmen. Schließlich werden es 64.792 Kilometer und damit eine Spende von 64.792 Euro für Innocence in Danger e.V. Zum Start an der Helios Klinik Berlin-Buch kommt ein Presseteam mit Kameramann. Es heißt, sie wollten über das „tolle Event“ berichten, weil es eine bemerkenswert gute Sache sei. Die freundliche Journalistin bittet mich vor dem Klinikeingang zum Interview. Ich stehe dort in Fahrradklamotten. Der Kameramann hält drauf, die Journalistin fragt nicht zur guten Sache, sondern konfrontiert mich mit Fragen zu laufenden Ermittlungen der Staatsanwaltschaft gegen Ärzte in der Poliklinik Berlin-Buch. Die Ärzte dort hatten keine Verbrechen begangen, sondern Patienten behandelt, die sonst Wochen oder Monate auf eine ambulante Versorgung hätten warten müssen. Dies in Abstimmung mit der Kassenärztlichen Vereinigung. Der Vorwurf lautete, sie hätten dabei nicht darauf geachtet, dass ausschließlich der konkret ambulant ermächtigte Arzt Leistungen erbrachte. Ein großes Thema damals, weil zeitgleich wegen Abrechnungsbetrugs bei den DRK-Kliniken ermittelt wurde. Eine technische Lappalie letztlich, geschuldet der komplexen und komplizierten Regelungen zu ambulanten Ermächtigungen, eigentlich ein Dauerthema der deutschen Sektorengrenzen, jedenfalls ohne jede Relevanz für die Qualität der Behandlungen. Aber eine strafrechtliche Fallgrube und daher damals heißes Dauerthema für die Medien über Monate. Ich stellte mich im Interview und während der gesamten Ermittlungen demonstrativ und aus

Überzeugung hinter die Ärzte. Und ich lernte in jener Zeit viel über Stil und Umgang von Journalisten.

HIT 80 wurde unabhängig davon ein großer Erfolg. Als wir in Kienbaum mit den Rädern einfahren, fragt mich ein abgekämpfter Kollege mit Augenzwinkern, ob wir die Entfernung zwischen den Helios-Standorten und damit die einzelnen Etappen künftig nicht verkürzen könnten. „Das geht", meine ich mit breitem Grinsen. „Wenn wir beispielsweise Rhön kaufen." „Warum eigentlich nicht?", kommt mir in den Sinn. Geht nicht, gibt es ja schließlich nicht!

Geht nicht, gibt es nicht. Gesagt, getan!

Wir blieben selbst in den hochpolitischen und medial schwierigsten Zeiten unserem Weg und der Helios-Vision von bester Qualität bei ökonomischer Exzellenz treu. Selbstverständlich auch in den zuvor beschriebenen Jahren 2012 und 2013. Trotz massiver persönlicher Angriffe, welche die Damp-Übernahme und den ersten Versuch der Rhön-Kliniken-Übernahme begleiteten. Angriffe leider auch auf unsere Familien, ein bitteres Resultat medialer Wettkampfspiele. Im Markt titulierte man uns – bis zum Jahr 2010 fünf Helios-Geschäftsführer – mit Respekt als die „wilden 5". Noch Anfang 2024 wurde ich von einem früheren McKinsey-Berater darauf angesprochen. In neuer Formation folgten wir auch danach weiterhin dem bekannten Helios-Motto: Was wir versprachen, das wurde gehalten: Gesagt, getan! Ein „Geht nicht" wurde nicht akzeptiert. Geht nicht, gibt es nicht! Es war eine Mischung aus Selbstvertrauen und Selbstmotivation, aus Trotz und reflektierter Kommunikation.

Also kämpften wir alle gemeinsam und mit Vehemenz 2013 für den Rhön-Deal trotz – oder gerade wegen – des ersten Fehlversuchs. Eugen Münch war der kreative Unternehmer, der an die gemeinsame Stärke glaubte, zugleich ernüchtert von der Entwicklung seines Unternehmens war. Eine bemerkenswerte Persönlichkeit mit kongenialer Verbindung von Kreativität und Durchsetzungskraft. Bernard gr. Broermann und Ludwig Georg Braun aus dem anderen Lager standen ihm in nichts nach. Mit Bernard gr. Broermann konnte ich die Themen sehr zügig klären, da wir uns schon aus früheren Verhandlungen gut kannten und respektierten. Bei Ludwig Georg Braun trat ich persönlich in der B.-Braun-Unternehmenszentrale in Melsungen an, im Beisein des damaligen CEOs, unsere erste und einzige persönliche Begegnung. Das reichte aus, denn die meisten Themen ließen sich komplett sachbezogen einordnen und lösen. Es gab keine versteckte Agenda und es gab keine politischen Einmischungen.

Meine Überlebensregel im Business: Wer von anderen etwas will, der muss sich freimachen von Befindlichkeiten, von seinem Ego, muss auf die anderen zugehen. Es ist kurz vor Weihnachten 2013. Ich bin mit den Kindern auf dem Weg zum Kino, ein Weihnachtsfilm läuft dort. Bernard gr. Broermann geht es wohl ähnlich, wie er mir bei unserem Telefonat schildert. Eine gute Ausgangslage für eine zügige finale Lösung, denke ich mir. Er könne nicht für die anderen reden, sagt er. Aber für ihn wäre das ein gangbarer Weg, wenn seine Asklepios am von uns initiierten und mit Rhön gestärkten Gesundheitsnetzwerk „Wir für Gesundheit" beteiligt würde. Zudem solle dem Kollegen Braun zugesichert werden, dessen Produkte in der künftig deutlich größeren Helios nicht zu benachteiligen. Damit war zwar keiner komplett zufrieden, aber alle fühlten sich fair behandelt.

So kann auch Transformation funktionieren. Weniger ein Beharren auf eigenen Positionen, ein „friss Vogel oder stirb". Sondern ein Ausloten der Interessen, ein Abgleich der

Lösungsoptionen, eine gewisse Flexibilität, Anpassungsfähigkeit und -bereitschaft, ein gesunder Pragmatismus. All das hat Karl Lauterbach in seinem Reformvorhaben nicht oder viel zu wenig gezeigt.

Frustration und Geldsorgen als ideale Voraussetzungen für Veränderung

Blicken wir heute auf die Akteure im deutschen Gesundheitswesen, betrachten wir das Timing und die Spielräume im deutschen Gesundheitssystem, dann ist es höchste und gleichzeitig eine gute Zeit für die Transformation. Über die Details gehen die Meinungen weit auseinander. In einem sind sich aber alle einig: Es kann so nicht lange gut gehen.

Frustration ist eine gute Basis für die Überzeugung, dass sich etwas ändern muss. Hinzu kommen Geldsorgen. Weniger die der Patienten, denn die Behandlung zahlt im Wesentlichen die Krankenkasse. Aber die der öffentlichen Haushalte und der dort assoziierten Vermögen. Ende Februar 2024 postet Jens Baas, der Chef der Techniker Krankenkasse: „Wir sind nicht ‚der Bund'!" – und spielt damit auf Karl Lauterbach an. Dieser hatte einen Transformationsfonds angekündigt: 50 Milliarden Euro, die hälftig von Ländern und Bund beigesteuert werden sollten. Jens Baas kritisiert, dass der Bund dafür die Gelder des Gesundheitsfonds verwenden möchte. Dieser Gesundheitsfonds wurde zum 1. Januar 2009 mit dem GKV-Wettbewerbsstärkungsgesetz in Deutschland eingeführt. Er dient als ein zentraler Geldsammel- und Verteilungstopf für die gesetzliche Krankenversicherung (GKV) und wird von Beiträgen der Arbeitgeber, der anderen Sozialversicherungsträger und der Mitglieder der Krankenkassen finanziert. Mittlerweile ist also – ähnlich wie bei Land und Gebietskörperschaften – eine weitere Ebene in der Diskussion betroffen und beteiligt, die das Geld verwaltet. Karl Lauterbach kontert mit einem ökonomischen Argument. Er spricht davon, dass durch die Transformation ein Weg begonnen wird, der Geld einspart, also den Krankenkassen beim Sparen hilft, deshalb den Griff ins Budget legitimiert.

An sich nichts Neues bei Gesundheitsreformen, einiges dazu hatte ich schon in den Episoden #1 und #2 geschildert. Nur der Ton ist nun schärfer geworden. Das wechselseitige Misstrauen ist ebenso gestiegen. Die Argumentation ist geprägt von Unterstellungen statt einem fairen und sachlichen Austausch, auch dem zunehmenden politischen Zeitdruck angesichts der nahenden Bundestagswahl geschuldet. Das Kalkül zwischen Botox und Kniefällen (Episoden #3 und #4) wechselt in loser Folge. Hinzu kommen Probleme mit der Reputation und individualisierter Amtsmacht.

Veränderungsdruck bestimmt die Spielräume

Das alles sind Vorboten dafür, dass es noch vor den Wahlen zu Veränderungen kommen wird. Nur welche Veränderungen? Die Korridore für Kompromisse sind eng und gefährlich wie ein Minenfeld.

Der Bund sieht die Verantwortung für das Scheitern einer echten Reform bei den Ländern, weil diese es bis heute versäumt haben, ihre Infrastrukturen zu bereinigen, und die Situation mit dem langjährigen Ausdünnen der investiven Fördermittel beschleunigt und weiter verschärft haben. Die Länder wiederum sehen das Problem beim Bund und dessen Übergriffigkeit in die Länderpolitik.

Die Formel lautet vereinfacht: Der Bund bestimmt das Budget für Gesundheit und die Verteilungsregeln. Die Länder bestimmen die investiven Fördermittel und Infrastrukturen. Der Bund muss also die von den Ländern definierte

Infrastruktur bezahlen. Das wird trotz aller Effizienzbestrebungen insgesamt immer teurer. Der Bund hat auch eigene Geldsorgen und will eigentlich unnötige Infrastruktur bereinigen. Er hat auch einen Hebel dazu. Gibt der Bund nämlich – über die Gesundheitsbudgets – weniger Geld in die Krankenhausbudgets, dann arbeitet die Infrastruktur mit Verlust. Das Land muss sich entscheiden zwischen einer Bereinigung der Infrastruktur oder einem teuren Ausgleich der Defizite. Hinzu kommt, dass auf Länderseite zusätzliche Konflikte ausgetragen werden. Die Gebietskörperschaften (Gemeinden, Kreise) sind kraft landesgesetzlicher Übertragung verantwortlich für die Sicherstellung der Versorgungsstrukturen, sie haben den Schwarzen Peter beim Budgetpoker. Viele dieser Gebietskörperschaften sind heute in ihren Haushalten klamm, was den Spielraum für künftige Defizitausgleiche insgesamt einengt.

Karl Lauterbach verfolgt das Ziel mit den Mitteln der vergangenen Jahrzehnte und setzt im Finanzierungsroulette auf Rot: 50 Milliarden Euro für den Transformationsfonds. Sein Lager spricht ihm die Geldchips ab, weil besorgt von der falschen Bank. Er hat wegen der Schuldenbremse derzeit aber keine anderen.

Die Länder zeigen sich bunt. Schattiert zwischen Ost und West, weil sich die Diskussion um Infrastruktur faktisch vor allem im Westen und da wiederum in den Ballungsgebieten abspielt.

Es wäre jedenfalls naiv, zu glauben, das Sterben der Krankenhäuser wäre ungewollt. Auf dem vorstehend beschriebenen Weg ist es eine allen bekannte logische Folge. Ausgetragen wird heute ein schon Jahrzehnte schwelender systemischer Konflikt.

Das gesamte Gesundheitswesen leidet unter diesem Systemkonflikt. Darum herum wurden über Jahrzehnte bürokratische Konglomerate entwickelt, die diesen in den eigenen Organisationsstrukturen perpetuieren. Ich halte es deswegen für geboten, dass die Akteure diesen Systemkonflikt auflösen und sich dann zügig auf den Weg zur Transformation machen. Sonst wird die nun von Karl Lauterbach angedachte Reform ein Fehlschlag. Er hofft darauf, dass dem Bund über Vorhaltepauschalen und Anforderungen an Strukturqualitäten künftig effizientere Hebel zur Verfügung stehen, um die von den Ländern bewahrte Infrastruktur schlicht faktisch vom Spielfeld zu nehmen. Aber selbst, wenn man dies unterstellt, bleibt der inhärente Systemkonflikt ungelöst. Und jede weitere Reform kommt zu spät, nachdem weitere Milliarden in Strukturen versickert sind.

Die Wahrheit ist zu schlau, um gefangen und eingesperrt zu werden – Veränderungen sind möglich, wenn der Blick nicht an „eigenen Wahrheiten" kleben bleibt, sondern darauf fokussiert, was evident ist. So wie wir durch die Übernahme der Rhön-Kliniken bewiesen haben, dass große Herausforderungen mit der richtigen Strategie und dem passenden Timing gemeistert werden können, so lässt sich auch das deutsche Gesundheitssystem reformieren. Die Transformation des deutschen Gesundheitswesens ist weder utopisch noch unrealistisch. Sie erfordert lediglich einen klaren Blick und den Willen zur Veränderung.

Episode #10
Das Wettkampfspiel Transformation

Im Jahr 2005 loten wir die Möglichkeiten eines Zusammenschlusses von Capio und Helios aus. Der damalige CEO von Capio, Per Batelson, zeigt sich offen für unsere Ideen einer Transformation des europäischen Gesundheitswesens. Capio und Helios sind zu diesem Zeitpunkt in etwa gleich große Partner mit jeweils rund einer Milliarde Euro Umsatz. Helios ist nur in Deutschland tätig, Capio in allen wesentlichen anderen europäischen Staaten. Eine ideale Kombination. Denken wir. In einer Zeit, in der sich die Gesundheitssysteme neu zu ordnen beginnen. In einer Zeit, in der das DRG-System als neue Vergütungsform für Krankenhausleistungen schon eingeführt ist, im Grundkonzept fast überall in Europa. Wir bereiten uns Mitte des Jahres gedanklich auf einen Zusammenschluss und einen begleitenden Börsengang vor. Wir sind bereit für eine europaweit relevante Rolle in der Transformation der Gesundheitssysteme, wollen die Aufbruchstimmung nutzen, um Trends zu setzen. Aus der Erkenntnis heraus, dass alle mit der Zeit vor den gleichen Problemen stehen werden: zunehmender und sich verändernder Bedarf an Versorgung bei abnehmenden Ressourcen. Und wir sehen uns in der Lage, diese Probleme gemeinsam zu lösen und damit Maßstäbe für eine Transformation der europäischen Gesundheitssysteme zu setzen. Zum Vorteil der Gesundheitssysteme, weil durch unsere nationenübergreifende Präsenz in Europa ein Austausch von Best Practice und von Benchmarks möglich wäre, den Politik und Institutionen der Nationalstaaten bis dato nicht zustande gebracht hatten. Zum Vorteil damit am Ende auch der beiden Unternehmen sowie deren Träger und Eigentümer. Es ist ein Frühling 2005 mit Aufbruchstimmung, gefolgt von einem sehr geschäftigen Sommer. Im Herbst kommt schließlich doch alles anders. Weil Per Batelson Capio verlässt. Und weil wir an Fresenius verkauft werden, dort andere Prioritäten für die Zukunft gelten, wir uns zunächst voll auf Deutschland konzentrieren und erst deutlich später zu internationalisieren beginnen. Eine vertane Chance, denke ich damals im Dezember 2005.

Und das denke ich auch noch Anfang Juni 2024, als ich einen Social-Media-Post von Judith Gerlach lese, Bayerische Staatsministerin für Gesundheit, Pflege und Prävention, über ihre „Bildungsreisen“ in andere europäische Staaten. Sie schreibt über Eindrücke aus Finnland und stellt fest: „Wir können vom gegenseitigen Austausch über Ländergrenzen hinweg nur profitieren.“ Ich gebe ihr recht. Offensichtlich öffnet der Blick über den geografischen Tellerrand die Augen. Oftmals staunende Augen über das, was möglich ist, wenn man nicht in den eigenen bekannten deutschen Strukturen, sondern offener denkt. Allerdings blicken wir heute zurück auf rund zwei Jahrzehnte solcher Reisen von Ministern und ganzer Expertentruppen. Auf zwei Jahrzehnte voller Kongresse, die sich mit Erkenntnissen aus den Nachbarländern Europas, aus Asien, Australien und den USA beschäftigten. Wir selbst hatten bei unseren Jahrestagungen häufig externe Vortragende eingeladen. In der Hoffnung, dass sich mit guten Beispielen aus dem Ausland etwas ändern lässt. Es gab immer Beifall. Auch bei einem Blick über den Tellerrand im November 2019 bei einer Veranstaltung der Regionalen Kliniken Holding in Baden-Württemberg, einem Verbund von Kliniken in öffentlicher Trägerschaft. Die Vortragenden stellen vor, was wir von anderen lernen können. Wir vergleichen die Niederlande, Dänemark, Spanien und Deutschland. Ron Hendricks berichtet aus den Niederlanden über die Vorteile des Einsatzes digitaler Technologien. Matthias Kretzler vom BKK-Dachverband referiert über die „Superkrankenhausreform" in Dänemark und darüber, wie dort eine Zentralisierung von rund 50 Krankenhausstandorten erfolgte. Wolf-Dietrich Hammann vom Ministerium für Soziales und Integration Baden-Württemberg zeigt aus süddeutscher Sicht auf, welche Planungen zum Abbau von Sektorengrenzen, zur Ambulantisierung und Digitalisierung für die Zukunft vorlägen. Ich berichte über unsere Erfahrungen mit unseren Kliniken in Deutschland und Spanien, erläutere die Chancen und neuen Möglichkeiten einer regional budgetierten und digital angereicherten Infrastruktur ohne Sektorengrenzen zwischen stationär und ambulant. Auch am Ende dieser Veranstaltung – wie nach so vielen vergleichbaren anderen – stellen wir allesamt miteinander fest, dass es an der Zeit zu handeln wäre.

Es ist offenkundig: Das Thema Transformation ist nichts Neues, sondern ein Dauerthema. Wir haben keine Erkenntnisdefizite, wir leiden schlicht unter chronischen Umsetzungsdefiziten. Weil es den Akteuren an Mut fehlt für den Schritt vom Reden zum Handeln. Weil es an Mut fehlt, sich aus dem Korsett der bestehenden Strukturen zu befreien. Ich finde, das deutsche Gesundheitswesen war lange genug Geisel des zu engen Denkens, Reformen stets regulatorisch innerhalb etablierter Systemgrenzen entwickeln zu müssen. Es ist an der Zeit, die Systemgrenzen aufzubrechen und das Gesundheitssystem neu zu sortieren. Nicht in einem Schritt. Aber Stück für Stück. Eine solche Veränderung kann nur mit der Basis erfolgreich sein.

Im Grunde genommen stehen sich zwei fundamental verschiedene Konzepte gegenüber:

Eine zentralistisch geplante und gesteuerte Strukturreform, die sich im Schwerpunkt mit Änderungen in der Finanzierung des Krankenhauswesens befasst. Die dies als Einstieg in eine Transformation begreift, die unter Umgehung der Bundesländer vom zentralen Reißbrett des Bundesgesundheitsministers geplant künftig in ganz Deutschland einheitlich umgesetzt werden soll, damit – so der langfristige Gedanke – am Ende auch Hebel geschaffen werden, um die Sektorengrenzen und den Ressourcenmangel zu „regeln". Dafür steht im Kern das aktuelle Reformvorhaben von Karl Lauterbach.

Dagegen steht das Konzept dezentraler, regionaler Versorgungsstrukturen mit einem Höchstmaß an Gestaltungsfreiheit für die lokalen Akteure, ausgehend von der Frage, wie wir die Gesundheit der Menschen unter Berücksichtigung der unterschiedlichen regionalen Populationen künftig besser organisieren können als bislang. Die regionalen Gesundheitsstrukturen folgen dem jeweiligen Bedarf und sind daher agil aufgestellt in Versorgungsclustern.

Ein Ausstieg ohne Einstieg

Karl Lauterbach favorisiert einen Ausstieg ohne echten Einstieg. Er deklariert seine Reform des faktischen Ausstiegs aus dem DRG-System – unter dem Schlagwort Entökonomisierung – als Einstieg in eine Transformation. Zunächst bleibt gefühlt zwar alles, wie es ist, und der Bund zeigt sich als weißer Ritter des Gesundheitswesens. Die Akteure und Medien gewinnt er mit dem Versprechen, das Effizienzrad des DRG-Systems zu stoppen und künftig unabhängiger zu machen von Patientenzahlen. Sein Schlüssel dafür sind die Vorhaltekosten, die künftig erstattet werden sollen. Das hört sich gut an nach einer Reform, die allen das Leben zunächst leichter macht. Auch wenn das Ganze erst ab 2026 oder noch später greift.

Erstaunlich dennoch, dass es von Beginn an so viele Widerstände gab. Das liegt an dem Beipackzettel der Reform. Denn Karl Lauterbach fordert eine Level-Triage für alle Krankenhäuser. Er spricht in diesem Zusammenhang von einem Konzentrationsprozess und von einer Transformation. Perspektivisch sollen mit der angedachten Reform nämlich rund 800 Krankenhäuser verschwinden. Ziel ist es, möglichst viele Leistungen in Zentren bei Krankenhäusern der Maximalversorgung zu konzentrieren.

Was stört die Akteure konkret daran?

Die Bundesländer erkennen darin den Versuch, ihr Recht zur Krankenhausplanung perspektivisch auszuhebeln. Die von Karl Lauterbach bereits genannten Hebel sind Fallzahlen und Fallschwere. Er will beide Parameter künftig konkret in den Versorgungsclustern tracken und fordert Folgeänderungen bei der Infrastruktur, falls Fallzahlen sich außerhalb des definierten Korridors (noch offen, angedacht sind 20% mehr oder weniger Fälle) entwickeln. Dies kann er künftig notfalls auch durchsetzen, indem er dann die weitere Erstattung der Vorhaltekosten hinterfragt, die Bundesländer und Gebietskörperschaften damit erneut in die Situation bringt, die wir heute als Insolvenzbooster beobachten. Falls sich die Fallschwere maßgeblich ändert, sieht das Konzept vor, dass eine Ab- oder Aufstufung in der Level-Triage erfolgt. Das jeweilige Krankenhaus soll die Vorhaltekosten nur noch in dem nach neu definierter Fallschwere gewichteten Umfang erhalten. Somit wird die entsprechende Zuordnung der dem Krankenhaus erlaubten Leistungen ökonomisch korrigiert. Auch das ist ein mittelbarer Eingriff in die Planungshoheit der Länder, zudem ein Damoklesschwert für in niedrigen Levels triagierte (kleine) Krankenhäuser. Sie stehen damit permanent am Rand des Abgrunds wegen des drohenden Wegfalls ihrer stationären Relevanz. Ein Segen ist dies umgedreht für die Universitätskliniken und die sonstigen weißen Elefanten. Sie gewinnen an Erlössicherheit hinzu, da die hohen Vorhaltekosten künftig unabhängig von ökonomischer Exzellenz bezahlt werden. Karl Lauterbach setzt also auf die weißen Elefanten, um die sich das Gesundheitswesen neu gruppieren soll.

Drei Fallstricke in Lauterbachs Reformvorhaben

Das Konzept wirkt nach zwei Jahrzehnten erfolgloser Reformen durchdacht, die Logik scheint auf den ersten Blick bestechend. Aber nur auf den ersten Blick. Bei näherem Hinsehen wird deutlich, dass das gesamte Vorhaben zeitverzögert geschaltet, im Prinzip also vertagt wird. Und es handelt sich insgesamt wegen drei versteckter Fallstricke um eine Mogelpackung:

Der Reformansatz neigt erstens zur Bevorzugung großer Krankenhäuser. Das ließe sich korrigieren, indem die Vorhaltekosten künftig nicht ausschließlich auf einzelne Krankenhäuser bezogen würden, sondern auf Versorgungscluster. Ein so adjustierter Ansatz würde auch politisch helfen, für die Reform in Flächenländern zu werben.

Der Reformansatz wird zweitens ein Bürokratiemonster. Es gilt also, bei der Umsetzung umso mehr auf Praktikabilität zu achten. Hierzu gab es schon die ersten Vorstöße der Krankenkassen, die sich für Vorhaltepauschalen als Zuschlag zu den Budgets ausgesprochen haben, um die Liquidität zu sichern. Dennoch bleiben die vielen umstrittenen Details zur Triage der Krankenhäuser. Die Erfahrungen mit dem Modelllieferanten in NRW hierzu sorgten bisher eher für Ernüchterung.

Der Reformansatz verschiebt drittens die jetzt nötigen Korrekturen in die Zukunft, da einzelne Stufen der Reform erst in einigen Jahren greifen sollen. Der Faktor Zeit ist einer der aus meiner Sicht besonders relevanten Kritikpunkte. Denn Zeit ist sehr knapp, wenn wir die heute noch vorhandenen ökonomischen Spielräume für eine echte Transformation unter Bereinigung der Systemkonflikte nutzen wollen. Die Transformation müsste heute beginnen, die relevante Phase 2030 etwa enden. Das wird mit dem Reformansatz von Karl Lauterbach nicht so schnell gehen. In Expertenkreisen wird daher auch geunkt: „Lasst ihn doch machen. Zunächst ändert sich ohnehin nichts. Manches wird sogar besser für uns. Und dann sehen wir weiter." Es wäre doch erstaunlich, so meinen diese Experten, wenn sich nicht auch diese Reform aussitzen ließe.

Meine Kritik setzt an am „Botox"-Einsatz im von Lauterbach verfolgten Reformansatz. Dazu habe ich schon in den Episoden #2 bis #4 einige Beispiele gezeigt. Die Reform wird zur vermeintlichen Transformation aufgehübscht und ins mediale Schaufenster gestellt, um politisch opportun daherzukommen. In Wahrheit nimmt sie jede Beweglichkeit und Geschmeidigkeit aus dem System, tötet damit die Aktivitäten ab, die wir für eine Transformation heute schon lokal in Gang setzen könnten. Hinzu kommt das betäubende Element des „Cannabis" durch die Vorhaltekostenerstattung. Krankenhäuser lieben Kostenerstattung! Sie machen sich gerne abhängig davon. Und werden sich dann genauso wie Süchtige verhalten: immer mehr davon einfordern. Die Kosten werden explodieren, der Unmut wird steigen. Die ökonomischen Probleme werden mit der Reform mitnichten gelöst, sondern noch deutlich verstärkt. Wer hört es nicht gern, wenn man wie Herr Lauterbach für zehn Jahre je fünf Milliarden Euro verspricht? Experten merken dazu heute an, dass das System in wenigen Jahren wegen des immer dramatischeren Mangels an finanziellen und personellen Ressourcen implodieren wird. Und wir dann erneut vor denselben Fragen stehen wie heute: Welche Infrastrukturen wird es in Zukunft brauchen und welche nicht mehr? Wie lassen sich die Akteure im Gesundheitswesen intelligenter vernetzen? Wer treibt das voran?

Weniger vom Richtigen ist mehr für alle

Karl Lauterbachs Reform tut nur so, als sei sie eine Reform, vertagt und verschleppt im Endeffekt aber die Gretchenfragen. Der eigentliche Kern der Auseinandersetzung, die tiefen dysfunktionalen Systemkonflikte, sie bleiben bestehen, pauschal unter den Teppich der Vorhaltkosten gekehrt. Die Konflikte werden sich nicht lösen, sondern sie werden sich weiter verschärfen. Lauterbachs Reform wird also Zeit und Geld verschlingen und eine auch von ihm als ineffektiv erkannte Infrastruktur perpetuieren. Den Akteuren wird wegen der verzögerten Umsetzung viel Zeit und Raum gegeben, die Zielstellung der Reform in künftigen Legislaturperioden zu verändern oder gar umzukehren. Dadurch entsteht ökonomisch ein schwarzes Loch. Wer das Loch wie füllen soll, bleibt komplett offen.

Welche Infrastruktur brauchen wir wo?

Wir müssen uns nach meiner Einschätzung mit drei Fragen auseinandersetzen, hierfür Lösungen anbieten: Welche Infrastruktur brauchen wir konkret? Wo? In welcher Form?

Im Grunde sind die relevanten Versorgungsdaten schon heute vorhanden, um eine Entscheidung darüber zu treffen, welche Krankenhäuser wir künftig noch brauchen in einem intelligent vernetzten deutschen Gesundheitswesen. Die Bundesländer haben nicht den politischen Mut, die Entscheidungen zu treffen. Insofern bemängeln vor allem die Akteure auf

Bundesebene zu Recht, dass die Bundesländer ihre Hausaufgaben nicht gemacht haben.

Es gab einen ersten untauglichen Versuch, einmal während der großen Koalition. Dort wurde von einer Bund-Länder-Arbeitsgruppe die „Abwrackprämie" für Krankenhäuser entwickelt, in Anlehnung an die früheren Abwrackprämien für Autos, dann klug umgewandelt in einen „Strukturfonds" zur Anpassung der Infrastrukturen. Das Konzept wurde von der Idee getragen, dass sich (kommunale) Träger von Krankenhäusern dazu animieren ließen, ihre Einrichtungen zu schließen, wenn denn nur dafür Sorge getragen würde, dass sie Umwidmungskosten erhalten.

Das hat indes schlecht bis gar nicht funktioniert. Geld wurde ausgeschüttet, von den Gebietskörperschaften und sonstigen Akteuren verwendet, um mehrere Standorte zu bündeln und hierfür die Fusionskosten zu erhalten. Das hätte noch funktionieren können, wenn dabei tatsächlich Leistungen adaptiert worden wären. Was aber nicht geschah. Nur wenige haben ihre Struktur tatsächlich bereinigt. Und es ist weder gelungen, die Sektorengrenzen zu bewegen, noch wurde eine neue – digitale – Vernetzung von regionalen Gesundheitsdienstleistern erreicht.

Diesen Versuch zu wiederholen, macht wenig Sinn. Insoweit kann ich die Skepsis bei Karl Lauterbach, Bundesländern und Akteuren gut verstehen. Es braucht aber gar keine Wiederholung, sondern eine konsequente Fortsetzung dessen, was mit Einführung des DRG-Systems im Jahr 2004 begonnen wurde. Die heutige Diskussion zeigt, dass das DRG-System geleistet hat, was es leisten sollte: in der Breite höhere Effizienzen und eine Fokussierung auf ökonomische Exzellenz schaffen.

Transformation: eine Idee, drei Phasen

Diesen Weg gilt es fortzusetzen, jedoch sukzessive intelligent zu adaptieren, orientiert an der Zielsetzung von künftig barrierefreien regionalen Versorgungsnetzen. Die wesentliche Aufgabe der Politik ist es – so beschrieb ich es zuletzt in einem Post bei LinkedIn Anfang Juni, bezogen auf ein Mut machendes regionales Konzept in Saarbrücken –, dafür die nötigen Freiräume zu schaffen, damit die Akteure vor Ort im Sinne der Menschen handeln können. Der Bundesgesundheitsminister wäre gut beraten, sich weniger um das Detaildesign von Gesundheitsstrukturen, weniger um die Vergütungssysteme und Vorhaltekosten für die Krankenhäuser, stattdessen deutlich mehr um die Gesundheit der Menschen zu kümmern. Und zu akzeptieren, dass es – heute wie gestern – nicht diese eine flächendeckend in ganz Deutschland „richtige" Infrastruktur geben wird. Den weiteren Übergang gliedere ich deshalb in drei Phasen.

Cool-down-Phase (bis Ende 2025)

Bis Ende 2025 bedeutet diese Adaption den verantwortlichen Umgang mit Insolvenzen. Es geht nicht darum, diese per se zu vermeiden. Insolvenzen sind ein erster Tracer dafür, wo Krankenhäuser nicht bedarfsgerecht sind. Wenn Patienten fehlen und die Vorhaltekosten deswegen nicht mehr gedeckt werden können, müsste die Krankenhausplanung effektiv greifen.

Der maßgebliche Hebel ist also das Thema Defizitausgleich. Den darf es nicht automatisch geben. Sondern es bedarf hierzu einer bewussten Entscheidung, einer krankenhausplanerischen Begutachtung, ob und wie das Krankenhaus in dem neuen Konzept eines regionalen Versorgungsclusters noch eine Rolle spielt. Wir sollten dieses Feld nicht den Beratern und Insolvenzverwaltern überlassen. Sie werden die brennenden

Themen nicht lösen können, wenn die Ursache der Insolvenz maßgeblich darin liegt, dass ein Krankenhaus dauerhaft zu wenig Patienten hat.

Warum schaffen wir nicht genau in dieser Situation Zeit und Spielraum, um den Akteuren vor Ort die Chance für einen Neuanfang im Versorgungscluster zu geben? Wem das innerhalb von beispielsweise sechs Monaten gelingt, der erhält die hierfür erforderlichen Transformationskosten erstattet. Wer das nicht hinbekommt, wird vom Sicherstellungsauftrag für das Krankenhaus befreit. Das Krankenhaus geht seinen Weg in die Insolvenz und wird aus dem Plan genommen.

Hier bieten sich zudem leistungsbezogene Verschärfungen an, beispielsweise durch die überfällige Einführung von ersten qualitätsorientierten DRG-Entgeltkorrekturen. Schon vor fast einem Jahrzehnt hatte ich vorgeschlagen, die Vergütung von Mehrerlösen, also Zuschlägen zu den regulären DRG, im DRG-System an die Erfüllung qualitativer Anforderungen zu knüpfen. Es macht schließlich wenig Sinn, wenn die Patienten in genau die Kliniken gesteuert werden, die schlechte Qualität liefern.

Warm-up-Phase (2026–2030)

Von 2026 bis 2030 erfolgt ein agiler Übergang des heutigen DRG-Systems in ein regionales Budget infolge der Bildung regionaler Versorgungscluster. Dort, wo sich Leistungsanbieter zügig für eine entsprechende Kooperation zusammenfinden, ist der Weg offen für einen Ausstieg aus dem DRG-System, auch für die involvierten Krankenhäuser, hin zu einem regionalen Entgeltsystem. Dieses kann – wie in Spanien – regional an die Situation vor Ort angepasst werden. Der Gesetzgeber sollte den regional Verantwortlichen die Möglichkeit der lokal adaptierten Modellierung anbieten aus dem Portfolio an den bereits in Episode #1 beschriebenen Möglichkeiten: Kopfpauschalen, Fallpauschalen, Kostenerstattungen. Das hat zwei Vorteile: Zum einen folgt die Bezahltechnik künftig den dann regionalen Anforderungen besser als bei einem systemisch bundesweit vorgeschriebenen Entgeltmodell. Zum anderen besteht damit die nötige Flexibilität, um die bisherigen Sektoren künftig in einem Versorgungscluster zu vereinen. Diese Vorteile überwiegen eine dadurch höhere Komplexität der Entgeltmodelle. Das wäre, meine ich, nicht komplexer als das heutige Modell, dafür aber agiler und intelligenter. So jedenfalls meine Erfahrungen mit den hierzu bekannten Modellen aus Spanien.

Damit würde auch der Fokus der Diskussion in die richtige Richtung verschoben. Es wird heute viel zu viel über ein Bezahlsystem diskutiert (DRG-Fallpauschalen) als über die zugrunde liegenden Strukturprobleme. Regionale Versorgungscluster können sich künftig dazu aufmachen, aus dem „Baukasten" das für die dortige Kooperation passende Entgeltsystem zu wählen oder regional spezifisch zu adaptieren. Es bleibt zudem in Details ein temporäres System, kann also je nach Erkenntnissen schnell angepasst werden an etwaige neue Anforderungen (im Kontext Digitalisierung) oder an erkannte Defizite oder neue Entwicklungen (beim Thema Qualität). Wo sich keine regionalen Versorgungscluster bilden, bleibt es zunächst wie jetzt. Nur eben mit dem Damoklesschwert der Insolvenz bei Fallzahlenrückgang, aber ohne Defizitausgleich, da dieser nur für Clusterkonzepte erfolgt.

Steady-go-Phase (ab 2031)

Mit fortschreitendem Aufbau der regionalen Versorgungscluster erreichen wir einen vernünftigen Umstieg aus dem bisherigen Bezahlsystem in ein neues, für die Bedürfnisse der

Zukunft agiles Finanzierungssystem. Ein System mit Regionalbudgets, das nicht mehr auf der bisherigen Praxis basiert und auf die Erwartungen der heutigen Akteure abzielt, sondern auf Anforderungen an eine barrierefreie, qualitätsorientierte Versorgung der Menschen, möglichst wohnortnah und digital begleitet in regionalen Clustern. Durch diese Flexibilität lassen sich auch die jeweiligen Zielsetzungen in den Schwerpunkten der Gesundheitsagenda (Episode #2) inhaltlich gut umsetzen.

Wer bezahlt künftig was wovon?

Die Frage nach dem Geld trifft des Pudels Kern.

Die Finanzierung der Betriebskosten bleibt Aufgabe der Gesundheitsbudgets. In der Cool-down-Phase werden Krankenhausstandorte geschlossen oder umgewidmet, was zu Einsparungen führt. Diese hat auch Karl Lauterbach für seine Reform vorgesehen. Er rechtfertigt damit, dass sein Transformationsfonds vom Gesundheitsfonds gespeist werden soll, da dieser künftig auch von den Einsparungen profitiere. Diese Einsparungen sollten wir aber besser einsetzen, nämlich um in der Warm-up-Phase selektiv die neuen Budgets regionaler Versorgungscluster anzuschieben.

Die Zuschläge oder Fördermittel der Länder für Investitionen der Krankenhäuser entfallen. Damit würde schlicht akzeptiert, was sowieso schon Fakt ist in Deutschland: Die Länder sind ihrer Förderverpflichtung kaum noch nachgekommen. Jedes Land wäre künftig (weiter) berechtigt nach seinem Plan, Einzelfördermittel an die Krankenhäuser im Land zu vergeben, um damit landesspezifische Investitionsvorhaben zu fördern. Dabei würde es in Zukunft aber nicht mehr um die Förderung von Ersatzneubauten zur Bestandswahrung vorhandener Standorte gehen, sondern von Innovationen im Rahmen neuer regionaler Versorgungscluster.

Bund und Bundesländer beschließen eine Gesundheitsagenda. Mögliche Schwerpunkte habe ich in Episode #2 beispielhaft aufgezeigt. Das Geld dafür wird anteilig aus den allgemeinen Gesundheitsbudgets übertragen, also aus den Töpfen der gesetzlichen Kranken-, Pflege- und Rentenversicherungen. Für manche Schwerpunkte bieten sich ergänzend andere Geldquellen an, beispielsweise die Haushaltsbudgets der für Gesundheit, Inneres, Soziales und Familie zuständigen Ministerien, oder Steuergelder, etwa für die Schwerpunktthemen Kinder, alte Menschen und Rettungswesen. Das Agendabudget umfasst den begleitenden Ausbau der digitalen Möglichkeiten jeweils im Schwerpunkt. Die Gesundheitsagenda und die Budgets dafür werden regelmäßig anhand der erreichten Versorgungsqualität überprüft und neu festgelegt. Dies gilt auch für die aufzubringenden Anteile der unterschiedlichen Kostenträger zur Gesundheitsagenda, sofern diese nicht selbst teilweise wegfallen bzw. künftig zusammengefasst werden.

Der von mir favorisierte Einstieg in die Transformation wäre zunächst ganz ohne Extrageld machbar, jedenfalls auf Bundesebene, weil die Hälfte der Krankenhausstandorte schließen oder sich umwidmen würden in Gesundheitsdienstleister mit geringeren Fallkosten. Die Kosten der Strukturbereinigung fallen bei denjenigen an, die für die Infrastruktur verantwortlich sind, also als Abwicklungskosten bei den Krankenhausträgern.

Es wundert daher nicht, dass vorsorglich schon das Thema Defizitausgleich aufgerufen wurde, nun von allen Trägergruppen, wie berichtet in Episode #4. Und allein schon aus diesem Grund wird es politisch Gelder für eine gesellschaftlich und sozial adaptierte Abwicklung der Strukturen geben müssen. Originär träfe das in unterschiedlichem Umfang – ohne eine anderweitige Regelung – heute die Haushalte der

Bundesländer, die ihre unbereinigte Infrastruktur nicht mehr bezahlt bekommen. In der medialen Darstellung werden die Bundesländer als ein Block dargestellt, vermutlich weil sie so geschlossen auftreten. In der Praxis würden die Abwicklungskosten genau dort entstehen, wo es zu viele Krankenhausstandorte gibt. Vor allem also im Westen bzw. in großstädtischen Ballungsgebieten. Die Infrastrukturkosten dort zu bereinigen und einen Teil davon künftig an die ländlichen Strukturen für den Aufbau adaptierter Versorgungscluster zu geben, wäre ein Kernergebnis dieser Transformation. Karl Lauterbach hat sich eine Zustimmung der Länder mit seinem Vorstoß zum Transformationsfonds erkauft, denn an sich würde der größte Teil davon bei den Bundesländern anfallen, die über Jahrzehnte ihren Strukturaufgaben nicht nachgekommen sind. Was mich stört: Dieses Geld dient in seinem Reformkonzept zunächst einer Perpetuierung der jetzigen Strukturen unter einem Label „Klinikrettung".

Wenn es aber dafür ausgegeben wird, ist es für die echte Transformation verloren. Darum dreht sich im Grunde auch der Streit über die Frage, ob der Bund sich für die Begleichung seines Anteils am Transformationsfonds durch einen Griff in die Kasse der gesetzlichen Krankenversicherung bedienen darf. Sofern es um die Bereinigung der Infrastruktur geht, wäre das eindeutig ein Fehlgriff, denn die Bundesländer würden auf Kosten der Krankenversicherten bei ihren Aufgaben der Infrastrukturbereinigung entlastet. Sofern es aber um eine echte regionale Anschubfinanzierung der von mir beschriebenen Transformationsmaßnahmen geht, kann dies meines Erachtens aus den Gesundheitsbudgets geleistet werden. Denn dann geht es um die Überwindung der Sektorengrenzen und neue Betriebsformen regionaler Versorgungscluster zum Nutzen der Versicherten.

Wer verantwortet die Budgets und organisiert die Umsetzung vor Ort?

Die Diskussionen um Verwaltungsstrukturen und Umsetzungsdefizite sind so alt wie das Sozialversicherungssystem. Es geht um die Grundfragen aller Bereiche der Sozialversicherung: Wie viele Versicherungsträger braucht es? Wie viele Verwaltungseinrichtungen, wie viele Krankenkassen und wie organisiert?

Die vorstehend diskutierte Transformation bezieht sich auf die Ausgabenseite der Sozialversicherung, also den Teil der Leistungserbringung, und kann sich daher innerhalb des bestehenden Rahmens unserer Sozialversicherung umsetzen lassen. In Episode #3 habe ich darauf hingewiesen, dass wir den Menschen klarmachen müssen, wo der Unterschied liegt zwischen dem medizinischen Bedarf und individuellen Bedürfnissen. Auch da ging es inhaltlich um die Leistungserbringung, also die Frage, was bezahlt wird und was nicht. Die Einnahmenseite der Sozialversicherung und deren tradierte Selbstverwaltung sowie Organisationsformen habe ich hingegen bewusst ausgeblendet. Vermutlich könnte ich für die hiermit verbundenen Fragestellungen ein weiteres Buch füllen.

Nur so viel: In Deutschland haben wir eine Selbstverwaltung, die sehr starke Akteure und Institutionen hervorgebracht hat. Wenn es um fundamentale Änderungen geht, sind viele Hände am Lenkrad, die noch in unterschiedliche Richtungen wollen. Wie vorstehend aufgezeigt, braucht es für die von mir in den Episoden besprochenen Konzepte den Abgleich zwischen dem Bund und den Bundesländern. Schon das ist kein einfacher Vorgang. Diesen Abgleich vorausgesetzt und die gesetzgeberischen Aktivitäten dazugestellt, könnte die Umsetzung unter Einweisung der heutigen Verwaltungsapparate erfolgen. Die Institutionen und Akteure wären beim Abgleich gefragt, könnten Kritik, Feedback und Ideen für eine aus deren Sicht ideale Umsetzung einbringen, natürlich auch inhaltliche und regelungstechnische Anforderungen formulieren. Die Transformation selbst könnten sie indes nicht verhindern.

Für eine Transformation im vorstehend beschriebenen Umfang kommt es letztlich auch gar nicht darauf an, welche der vorhandenen Institutionen mit welchen Aufgaben zur Umsetzung betraut werden. Die Zuordnung der Aufgaben folgt den bisherigen Zuständigkeitsgebieten mit folgenden Adaptionen und Korrekturen:

Einzig für die Budgets der Gesundheitsagenda müssten noch detaillierte Regelungen getroffen und Verantwortlichkeiten festgelegt werden. Gleiches gälte für die Verwaltung und Ausgabe eines Transformationsfonds.

Schließlich müssten auf Landesebene die Verantwortlichkeiten beim Aufbau der regionalen Versorgungscluster definiert werden. Keine einfache Aufgabe wegen der widerstreitenden Interessen starker Institutionen wie die der Kassenärztlichen Vereinigungen oder der Landeskrankenhausgesellschaften, die hier ein gewichtiges Wort mitreden und maßgeblich eingebunden werden möchten.

Opportunistische Etikettierung von Realitäten unterscheiden

Karl Lauterbach stützt den Reformansatz offenbar auf sein ärztlich motiviertes Bedürfnis für einen Ausstieg aus dem DRG-System. Natürlich respektiere ich seine sehr persönliche Sicht. Ich denke aber, er folgt hier einem in den Echokammern des Gesundheitswesens weit verbreiteten Irrglauben. Die DRG werden nämlich nur zu gerne als Vorwand für Probleme und Missstände genutzt. Schaut man etwas genauer hin, lässt sich das schnell entlarven. Tatsächlich gibt es regelmäßig andere

Ursachen, die rein gar nichts mit den DRG zu tun haben. Das habe ich nicht zuletzt aus zahllosen Gesprächen in diversen Helios-Fachgruppen gelernt.

Helios-Gründer Lutz Helmig, selbst Chirurg, war stets der Auffassung, dass die Geschäftsführung etwas von dem verstehen sollte, was das Geschäft im Kern ausmacht. Also von der Medizin. Und von den Menschen, die den Erfolg oder Misserfolg des Geschäfts maßgeblich beeinflussen können, nämlich den ärztlichen Kollegen. Aus dieser Haltung entstanden die ärztlichen Fachgruppen bei Helios. Später ergänzte ich das als CEO um eine Fachgruppe Pflege. Jeder Geschäftsführer übernahm die Leitung einer oder mehrerer dieser Fachgruppen. Ich begann – als medizinisch noch unbedarfter Einsteiger – mit den Psychiatern und den Neurologen. Vermutlich wegen der komplexen Persönlichkeiten und vernetzten Denkmuster. Das könne nur ein Jurist in eine vernünftige Struktur bringen, so Lutz Helmigs Auffassung.

Es wurden 20 Jahre offener, kritischer Diskurs, die mich geprägt haben. Die mein Verständnis für Medizin geschärft und mich gelehrt haben, wie man Ärzte und deren Befindlichkeiten herausfiltert aus dem Berufsetikett. Wie man opportunistische Etikettierung von Realitäten zu unterscheiden lernt. Ich hatte dabei gute Lehrer im Medizinischen Beirat. Da war die von Anfang an prägende und höchst respektierte Persönlichkeit einer Hertha Ratayski, eine begnadete Orthopädin aus Thüringen, die als Vorsitzende des Beirats ein strenges Regiment führte und uns damit, sehr wertschätzend, inhaltlich antrieb. Es gab die Netzwerker und Moderatoren der ersten Stunde wie Oda Rink, Wolfgang Krahwinkel und Michael Liebetrau. Es gab die aus der Wissenschaft kommenden Kollegen wie Ralf Kuhlen und Andreas Meier-Hellmann, die später schließlich medizinische Geschäftsführer der Helios-Gruppe wurden.

Daneben gab es auf komplexe und digitale IT-Abläufe fokussierte Kollegen wie Henning Baberg, der über einen längeren Zeitraum auch die Akquisitionen von Kliniken begleitete, oder Olaf Kannt, einen Kinderarzt, mit dem mich zudem eine Fülle elterlicher Erfahrungen verband. Oder später Integrationsexperten wie Ulrike Heesemann und Rudolf Leuwer. Oder smarte Radiologen mit starkem medizintechnischem Input wie Patrick Haage. Ein kompletter Mix also aus dem breiten Spektrum der Medizin, eine bunte Palette der Fachgebiete und der Persönlichkeiten. Aus allen Regionen in Ost wie West.

Dieser Medizinische Beirat führte bei Helios gemeinsam mit Josef Zacher (Sprecher der Fachgruppen), den jeweiligen Fachgruppenleitern und den Kollegen aus der Geschäftsführung die Helios-Fachgruppen. Die inhaltliche Arbeit der Fachgruppen bündelte die medizinische Intelligenz, die praktische Erfahrung aus dem Klinikalltag und den medizinischen wie pflegerischen Sachverstand der gesamten Helios-Gruppe in Deutschland. Der Austausch lebte von wechselseitigem Respekt, mehr noch von Vielfalt und Offenheit und komplett sachorientiertem Arbeiten. Getragen auch von dem gemeinsamen Willen, allen im deutschen Gesundheitswesen zu zeigen, wie effizient und vorbildlich ein Gesundheitsbetrieb geführt werden kann. In der Medizin, in der Pflege und im Management.

Klug entscheiden: eine Frage der Systemkultur

Wir waren selbstbewusst, unorthodox, hier und da vielleicht sogar etwas gefürchtet. Wir setzten neue Trends und Zeichen. Wir waren stolz, wenn sich unsere Kollegen in den deutschen und europäischen Fachgesellschaften etablieren konnten. Wir ermunterten alle, wo passend und möglich, aktiv zusätzliche Verantwortung zu übernehmen. Weil es Vielfalt braucht in den

Fachgesellschaften, damit sich in Deutschland etwas bewegt. Unser Credo der ethischen Ökonomie: viel Qualität, mehr Transparenz, wenig Bürokratie.

Bei meinem Antritt als CEO von Helios bezeichnete ich die Fachgruppen als unseren Motor für Medizin und Innovation. Die Fachgruppenarbeit wurde begleitet vom Medizinischen Beirat, dem Beratungsgremium für die Geschäftsführung. Dieser wiederum übernahm nach Weggang von Lutz Helmig für mich die Rolle eines Kompasses in Sachen Medizin. Beirat und Fachgruppen bildeten unser medizinethisches Rückgrat.

Ich habe immer versucht, ein offenes Ohr in beide Richtungen zu haben, sowohl für Fachkollegen als auch Kollegen im Management. Ich liebte die Pluralität in der Diskussion, den intellektuellen Austausch, auch die menschlichen Begegnungen im Medizinischen Beirat und in den Fachgruppen, zu denen nach der Fachgruppe Pflege auch eine Fachgruppe der Klinikgeschäftsführer hinzukam. Management konnte lernen von Medizin.

Einmal verplapperte ich mich auf einer Jahrestagung und bezeichnete den Medizinischen Beirat versehentlich als „Medizinischen Betriebsrat". Die einen vermuteten eine Freud'sche Fehlleistung, andere sogar eine bewusste Provokation. Um das Geheimnis an dieser Stelle zu lüften: Beides ist wahr. Ich war damals verärgert, weil mich die Diskussionen im Medizinischen Beirat manchmal an meine Tätigkeit als Konzernarbeitsdirektor mit Betriebsräten erinnerte. Dieser Ärger verschaffte sich dann, dies aber ganz ungeplant, Luft in meiner Wortwahl auf der Jahrestagung. Zu Unrecht, musste ich mir später eingestehen. Sowohl der Medizinische Beirat als auch die Fachgruppen leisteten eine Herkulesarbeit für die Entwicklung des Unternehmens. Genau diese Kollegen waren diejenigen – und sind es teilweise bis heute – Menschen an der Front beim Thema Qualität und ökonomische Exzellenz. Ethisch-ärztlich motiviert, zugleich geerdet. Jeder von ihnen war aktiver Chefarzt in einer der Kliniken, erlebte unmittelbar das Geschehen vor Ort. Jeder von ihnen hatte täglich Kontakt mit Patienten, konnte sich selbst ein Bild machen von den Realitäten. Und dieses Bild offen widerspiegeln.

Fachgruppen als Treiber der Behandlungsqualität

Einen besonderen Stellenwert hatten Diskussionen über die Behandlungsqualität bei Helios und deren Vergleich mit dem deutschen Bundesdurchschnitt sowie dem „Club der Mutigen", den an der Initiative Qualitätsmedizin e.V. (IQM) teilnehmenden Klinikträgern. Die Kollegen waren zu Beginn alles andere als erfreut darüber, dass ihre Ergebnisse in der gesamten Gruppe geteilt werden sollten, bald darauf dann auch im Internet für die breite Öffentlichkeit. Es galt, „die Hosen herunterzulassen", hieß es dazu bei den internen Diskussionen zur schon von Lutz Helmig eingeforderten Transparenz für alle. Noch gewöhnungsbedürftiger war es, die ärztlichen Fehler bei Helios auf meine Initiative hin in unserem Geschäftsbericht zu veröffentlichen, von mir begleitet mit dem Kommentar: „Die Wahrheit darf man immer sagen." Ich erklärte den Kollegen, dass ich nur und genau das sagen und zeigen möchte, was sie im Falle einer Gerichtsverhandlung unter Eid erzählen müssten. Damit war das Argument vom Tisch, dass uns die Haftpflichtversicherungen so viel Transparenz vielleicht übelnähmen. Und welche Überraschung: Es funktionierte! Wir hatten nicht mehr Klagen als vorher und konnten sukzessive sogar Selbstbehalte erhöhen. Wir begannen eine Revolution sowohl bei der Offenlegung der Behandlungsqualität in verschiedenen Indikationen als auch bei vermeidbaren

Fehlern. Einige Mutige schlossen sich dem an. Die Masse blieb indes in ihrem Schneckenhaus.

Wir führten auch rege Diskussionen über IT und digitale Begleiter, die Kollegen die Arbeit im praktischen Alltag erleichtern und zugleich treffend die Anforderungen aus den Abrechnungsregeln und Dokumentationspflichten abbilden sollten. In Spanien haben wir das gut gelöst. In Deutschland trotz sehr guter IT-Basis leider nicht. Eine persönliche Enttäuschung für mich, die in der Rückschau erklärbar ist, weil wir in die gleichen Fallen tappten, wie es andere in Deutschland auch taten: Statt wie die Spanier den Patienten in den Mittelpunkt unserer Überlegungen zu stellen, orientierten wir uns an den vorhandenen Strukturen. Und wir setzten „Digitalisierung" mit „IT" gleich inklusive organisatorischer Verankerung dieses Themas in der IT. Zum Leidwesen der ärztlichen Kollegen und der Pflege, die offensichtlich sehr viel mehr gewagt und gerne sehr viel schneller agiert hätten. Wir scheuten aber das Risiko, den Sprung ins kalte Wasser, beherzte Investitionen. Das können alle Akteure, wie in Episode #6 dargestellt, künftig sicher einfacher und damit besser machen.

Es ging bei alledem primär um fachliche Themen der ärztlichen Kollegen untereinander. Die DRG standen nicht im Fokus, wurden manchmal vielleicht stellvertretend herangezogen, um sich vor schmerzhaften fachlichen Diskussionen zu schützen. Vor den Fragen nach einem medizinischen Standard für Indikationen, wie sie in anderen Ländern von den medizinischen Fachgesellschaften früh und konsequent beantwortet wurden. Oder den lästigen Fragen zur Organisation täglicher Abläufe, um die Patienten mit den vorhandenen Ressourcen bestmöglich versorgen zu können.

Ab dem Jahr 2008 diskutierten wir dann auf jeder Jahrestagung immer die gleichen drei Leitthemen: ökonomischer

Druck, Bürokratismus und Behandlungsqualität im Kontext der DRG. Wir sortierten diese Themen konkret nach Ursachen und Wirkung. Soweit sich hierbei ein Einvernehmen erzielen ließ, fragten wir uns, wo wir die Ursachen wie abstellen können. Einige praktische Beispiele:

Es bleibt zu wenig Zeit für die Patienten, weil Dokumentationen in IT-Systemen für die Abrechnung sehr zeitraubend sind – mein Thema des Level 1 in der Digitalisierung. Wir gingen der Frage nach, was davon durch die Einführung des DRG-Systems verursacht wurde. Insgesamt stellte sich heraus, dass es vor allem auch um die Frage geht, wer die Tätigkeiten wie dokumentiert. Ein allgemeines Dilemma. Es geht nicht ohne Ärzte und Pflegende, weil diese die Tätigkeiten vornehmen. Das raubt diesen Berufsgruppen aber viel Zeit. Eine Frage der Organisation also, die sich – so unsere Erkenntnis – bei jedem Dokumentationssystem stellt. Eine permanente Aufgabe, nur in wenigen Kliniken tatsächlich optimiert, wie bereits in Episode #6 erläutert und im Kontext meines Plädoyers für eine neue Strategie der digitalen Gesundheitsprojekte hergeleitet.

Nächstes Beispiel: Es gibt zu wenig Personal für mehr Arbeit, auch weil der Beruf insgesamt an Attraktivität verloren hat. Die Pflege startete dazu ein Projekt unter dem Motto Blickwechsel, in dem Wege erörtert und gefunden wurden, wie sich das Berufsbild attraktiver gestalten lässt, etwa durch Arbeitsteilung und eine Akademisierung der Pflege, wie sie in anderen Ländern längst Standard ist. Leider ohne nachhaltigen Erfolg. Denn als Grund allen Übels wurde politisch und medial das DRG-System proklamiert. Der Weg in die Ausgliederung des Pflegebudgets aus den DRG war geebnet.

Ein weiteres Thema, das in den Fachgruppendiskussionen im Kontext des DRG-induzierten Effizienzdrucks aufkam: Die Abläufe sind langsam oder falsch organisiert. Es fehlt oft das gut oder richtig ausgebildete Personal, häufig in der Pflege, zunehmend auch bei den Ärzten. Diese Frage war eine oft sehr kontrovers diskutierte. Mein persönliches Highlight schon in den Anfängen bei Helios war die Bestandsaufnahme aus unserer Pflege, federführend die damalige Pflegedienstleiterin aus Aue, über praktische Möglichkeiten einer Optimierung der ärztlichen Abläufe aus dem Blickwinkel der Beschäftigten in der Pflege. Es gab keine Argumente dagegen. Abgesehen davon, dass keiner hören wollte, dass die Probleme oft bei der Art der Zusammenarbeit zwischen Ärzten und Pflegenden beginnen. Dass die Probleme sich fortsetzen, wenn die praktisch unerfahrenen Assistenzärzte aus ihrem Rollenverständnis nicht mehr auf erfahrene Pflegekräfte hören. Dass die Probleme kulminieren, wenn einfache Tätigkeiten nicht an Pflegende delegiert werden. Schockstarre gab es schließlich bei der Erkenntnis, dass sich die OP-Sets der Chirurgen effizienter bestücken ließen, um Geld zu sparen.

Eine wahrhaft ärztliche Aufgabe

Ärzte wiederum haben mich im Einzelgespräch immer wieder gefragt, warum wir die Pflege eigentlich nicht den Ärzten unterstellen. Damit wäre – so die Sicht mancher ärztlichen Kollegen – vieles besser organisiert. „Das mag im Einzelfall zutreffen", so meine Antwort, „taugt aber nicht als Grundprinzip." Tatsächlich empfahlen erfahrene Kollegen den jungen Assistenzärzten, sich auf Station von erfahrenen Pflegekräften anleiten zu lassen, um zunächst wertvolle Erfahrungen zu sammeln. In der Tat hat sich die praktische Ausbildung der Ärzte, die im Wesentlichen den Universitätskliniken in Deutschland vorbehalten ist, nicht verbessert. Im Tross mit dem ausbildenden Professor auf dessen Stationstour kommt der Einzelne individuell schließlich nur wenig zum Zug. Gleiches gilt für die Erfüllung von OP-Katalogen und die Weiterbildungszeiten generell. Weshalb wir Curricula eingeführt haben, um das bei den frisch ankommenden Assistenzärzten klaffende Praxisloch auszufüllen und gleichzeitig die Weiterbildung der ärztlichen Kollegen gewährleisten zu können.

Und noch ein konkretes Beispiel: Es besteht zusätzlicher Druck durch die Verkürzung der Verweildauern. Zudem behandeln wir Patienten stationär, obgleich diese ambulant versorgt werden könnten. Es stellt sich also die Frage nach der Indikation. Und die Frage nach dem Setting: ambulant oder stationär. Fakt ist, dass das DRG-System vom Bund eingesetzt wurde, um die im internationalen Vergleich zu langen stationären Verweildauern zu reduzieren. Für uns lautete daher eine spannende Frage an die Kollegen nach Übernahme von Quirónsalud: Warum brauchen die Kollegen in Spanien für die gleichen Eingriffe mit gleicher Qualität noch heute so viel kürzere Verweildauern, um Patienten gesund nach Hause zu entlassen? Eine der einfachsten Erklärungen: Weil die Ärzte dort als Belegärzte arbeiten und, selbst unternehmerisch, hohe Produktivität schätzen. Es geht um Systemkultur!

Mein Highlight dazu die Antwort eines Kollegen aus der Fachgruppe Orthopädie, so ehrlich wie bemerkenswert: „Bei Einhaltung der besten Standards schaffen auch wir das in kürzerer Zeit. Allerdings laufen wir dann Gefahr, dass wir mit dem MDK (Medizinischen Dienst der Krankenkassen) angesichts der kurzen Verweildauern über die Frage der Indikation diskutieren müssten." Ein deutsches Wespennest, in das keiner stechen wollte. Behandlungen im Krankenhaus werden nämlich nur dann als stationär erbrachte Leistung gemäß DRG-Katalog vergütet, wenn die für eine bestimmte Indikation festgelegte Mindestverweildauer erreicht wird. Umgekehrt ausgedrückt: Wird diese Mindestverweildauer unterschritten, gilt die

Leistung als ambulant möglich, es gibt dann also weniger Geld dafür. Ein klarer Fehlanreiz also und sicher nicht im Sinne des Patienten. Aber heute noch Realität in deutschen Kliniken.

Eine ähnliche Diskussion gab es auch, nachdem die medizinischen Optionen der Behandlung mit Linksherzkathetern erkannt und vorangetrieben wurden. Dort stellt sich mittlerweile die Frage nach einem ambulanten Setting, was sich in Deutschland nur deshalb noch nicht weiterverbreitet hat, weil niedergelassene Kollegen die Investitionskosten scheuen oder nicht stemmen können und weil die Bezahlung in ambulanter Ausführung bis heute niedriger liegt als im stationären Bereich.

Immer mehr Fachgesellschaften haben sich schließlich der 2011 in den USA begründeten Choosing-Wisely-Kampagne angeschlossen. Damit gehen Ärzte systematisch der Frage nach, welche medizinischen Leistungen in Deutschland heute noch zu viel oder im falschen Setting erbracht werden, im Grunde also in dieser Form medizinisch überflüssig sind. Das „Choosing Wisely" steht für einen reflektierten Kulturwandel im Gesundheitssystem, einen klugen Ansatz des Weniger-ist-mehr. Es ist ein sehr praxisnaher und praktischer Ansatz, „bottom up" konfiguriert und möglichst einfach umgesetzt. Jede Fachgesellschaft – so lautet der Ansatz im Kern – definiert die Top-5-Leistungen ihres Fachgebiets. Diese werden dann auf Herz und Nieren geprüft – und das übrigens völlig unabhängig vom DRG-System.

Auch in unseren Helios-Fachgruppen ging es stets darum, von den Initiativen anderer Länder zu lernen. „Und doch hat es etwas mit Ökonomie zu tun", kam etwas verstimmt die Rückmeldung einiger Kollegen. „Denn wir werden damit am Ende auch Leistungen verlieren, die wir somit auch nicht mehr stationär erbringen und abrechnen können." „In der Tat", so meine Antwort, „aber das gilt nicht nur für uns, sondern für alle Kliniken in Deutschland. Und das ist nicht vom DRG-System verursacht." „Die DRG sind lediglich das technische Kontrastmittel", so einer meiner Erklärungsversuche damals. „Es wird uns auch nicht helfen, das Kontrastmittel wegzulassen oder sich ein anderes zu suchen. Der Befund bleibt, er führt medizinisch wie ethisch zu einer künftig weiseren Indikation." Die Replik kam prompt: „Damit stelle ich aber in Frage, ob es unsere Abteilung oder vielleicht auch eine ganze Klinik künftig überhaupt noch braucht." Da hatten die Kritiker einen validen Punkt – der aus meiner Sicht aber nicht sticht. Denn im Vordergrund stehen Mensch und Medizin, nicht der Erhalt oder die Befüllung von Infrastrukturen durch unangemessen (oder gar unsinnig) gewählte Indikationen.

Drei apokalyptische Reiter: Ökonomie, Qualität, Bürokratie

Zurück zu Karl Lauterbach, bekanntlich selbst Mediziner. Er identifiziert drei wesentliche Faktoren für eine Abschaffung des DRG-Systems und den Umstieg in seinen Reformansatz: Entökonomisierung, Behandlungsqualität, Entbürokratisierung. Diese Schlagworte wecken bei mir spontan Assoziationen zu den skizzierten Diskussionen in unseren Fachgruppen. Ich komme heute zu den gleichen Ergebnissen wie damals, die sich kaum mit denen von Lauterbach decken.

Behandlungsqualität ist ein Muss

Die Behandlungsqualität hätte von Beginn an eine relevante Kerngröße bei der Einführung des DRG-Systems sein müssen. Hier haben Bund und Ärzteinstitutionen ihre Hausaufgaben nicht gemacht. Bis heute besteht kein Konsens über die geeigneten Messparameter. Konkrete Optionen gäbe es über den missglückten Klinikatlas hinaus auch heute wahrlich genug, siehe die vom Club der Mutigen (IQM) definierten Parameter. Karl Lauterbach war zu unserer IQM-Tagung 2022 als Eröffnungsredner geladen, hatte sogar zugesagt, dann kurzfristig seinen Staatsekretär geschickt. Schade und nicht klug entschieden. Unsere Botschaft wie bei „Choosing Wisely" gilt auch für Behandlungsqualität: Sorgfältig und mutig machen hilft!

Ökonomische Exzellenz ist alternativlos

Das Wirtschaftlichkeitsgebot gehört zum deutschen Gesundheitswesen. Ein Großteil der darin tätigen Menschen lebt davon. Sowohl im ambulanten als auch stationären Bereich. Die heute erneut entfachte Diskussion zur Beitragshöhe in der gesetzlichen Krankenversicherung macht sonnenklar, was es heißt, wenn die Zahl der Beitragszahler sinkt. Es bedeutet schlicht, dass künftig weniger Menschen zur Finanzierung des Gesundheitswesens beitragen werden. Die Beitragslast für dieses Weniger an Menschen lässt sich nicht beliebig erhöhen. Eine Subvention über zusätzliche Bundeszuschüsse aus Steuermitteln ist bei derzeitiger Haushaltslage und angesichts schwächelnden Wirtschaftswachstums nicht opportun. Die Vernunft sagt uns daher, dass kein Weg an ökonomischer Exzellenz und der Bereinigung der heutigen Strukturen vorbeigeht.

Das DRG-System hat Effizienzen realisiert und damit die Produktivität erhöht. Jetzt geht es um die überfällige Bereinigung der Infrastruktur. Die Ressourcen müssen richtig und fokussiert eingesetzt werden. Ich habe in den Episoden #3 und #4 aufgezeigt, wie wir uns von noch lauernden Effizienzfallen befreien und uns auf eine Zukunft mit geringer werdenden Ressourcen vorbereiten können. Das DRG-System ist also keineswegs schuld an alledem, es hat lediglich den Blick geschärft für die Symptome und Verursacher der Systemkrankheit im deutschen Gesundheitswesen. Es gilt nunmehr, diese Krankheit zu therapieren. Wie bei so vielen Therapien braucht es Ehrlichkeit, Disziplin, Fokus und Willensstärke. Es hilft eben nicht, die Körperwaage beiseitezustellen, den Schrittzähler in die Schublade zu legen, die Symptome unserer Krankheit zu ignorieren. Oder gar noch einmal so richtig in die Vollen zu gehen, bevor es ans unerfreuliche Fasten geht.

Bürokratie ist ein künftig beherrschbares Übel

Bürokratie ist ein Übel. Im Gesundheitswesen heute aber ein (noch) notwendiges Übel. Es gibt viel Potenzial, die heutigen Bürokratielevels zu senken, auch mithilfe der Digitalisierung. Die Akteure sind bestrebt, die Hürden abzusenken – noch mit übersichtlichem Erfolg. Ein wesentlicher Teil des Problems liegt darin, dass wir mit den digitalen Erleichterungen bislang wenig anfangen können. Mir leuchtet vor diesem Hintergrund Karl Lauterbachs Annahme nicht ein, dass die geplante Reform zur „Entbürokratisierung“ beitragen werde. Ich erwarte das Gegenteil. Denn das DRG-System wird dadurch komplexer. Wie im Jahr 2019 die Kosten für die Pflege sollen nun auch die Vorhaltekosten in ein gesondertes Budget ausgegliedert werden. Die Abrechnung der erbrachten Leistungen erfolgt wie gewohnt nach den DRG-Fallpauschalen, die Erstattungen werden neu gegliedert: Die Vorhaltekosten werden – wohl über eigene Pauschalen – gesondert erstattet, genauso wie die Pflegeanteile durch die Pflegepauschale, beides zu den „echten“, also tatsächlich nachgewiesenen Kosten. Das funktioniert im Prinzip wie bei den Nebenkosten einer Miete für Strom und Wasser etc., wo im Folgejahr der effektive Verbrauch den zuvor gezahlten Pauschalen gegenübergestellt und mit diesen verrechnet wird. Auf dieser Basis werden dann neue Pauschalen fürs laufende Jahr vereinbart. Die Abrechnung und Zahlung der Kaltmiete – in unserem Beispiel also die DRG-Fallpauschalen – laufen davon unabhängig. Die braucht es auch künftig, denn irgendwie müssen ja die Fallschweren dokumentiert und die geleisteten Fälle abgerechnet werden. Die Lauterbach-Reform brächte also mehr statt weniger Bürokratie.

Auch hier gilt: Es gibt nichts Gutes, außer man tut es!

Mein Ansatz für ein besseres Gesundheitswesen zielt darauf ab, die Versorgung der Menschen zu verbessern. Meine Erkenntnis lautet, dass die heutigen Strukturen nicht den Weg dorthin bahnen, sondern im Gegenteil ein unüberwindbares Hindernis auf diesem Weg darstellen.

Unterstellen wir, um offen und kreativ denken zu können, eine allseitige Offenheit für eine Neuordnung der Strukturen. Wir stellen uns die Frage, wie wir das Gesundheitswesen organisieren würden, wenn wir es völlig neu, quasi auf einer grünen Wiese, aufbauen und gestalten dürften. Und zwar aus Sicht eines Patienten, der für uns im Mittelpunkt steht.

Ich beginne mit dem, worauf ich für meine grüne Wiese getrost verzichten könnte: feste Sektoren und undurchlässige Sektorengrenzen. Komplexe Strukturen. So viele Krankenhäuser, die viel zu viel stationär machen, was genauso gut ambulant bzw. telemedizinisch erledigt werden könnte. Betrachten wir dann die wenigen Parameter, die gesellschaftlich essenziell sind: die freie Arzt- und Krankenhauswahl. Das Prinzip der Versichertengemeinschaft und gesetzlichen Krankenversicherung. Vor allem der Bedarf an gutem Zugang zu für alle gleichermaßen hochwertiger medizinischer Versorgung.

Nehmen wir nur diese als Ausgangspunkt und legen wir die politischen, regulatorischen und gesellschaftlichen Manschetten, die uns sonst gerne einengen, für einen Moment ab, dann eröffnen sich uns große Spielräume bei der Gestaltung der zu unserem Zielbild passenden Strukturen. Warum dieses Mal nicht progressiv und radikal denken? Warum dieses Mal nicht die ausgetretenen Trampelpfade früherer Reformen verlassen und stattdessen neue Wege beschreiten? Warum nicht einfach und schnell? Warum nicht weniger Wartezimmer und dafür mehr digital und telemedizinisch von zu Hause? Jetzt besser neu denken und beherzt handeln! Tatsächlich das tun, was getan werden muss! Ohne Ansehen der Institutionen, ohne Ränkespiele oder neues Botox! Der schlafende Riese lässt sich wecken und auf den Weg bringen, wenn wir es wirklich wollen.

Was wir von zehn Episoden aus 20 Jahren im Gesundheitswesen lernen

Ich bin kein revolutionärer Systemkritiker. Auch kein Weltverbesserer. Erst recht kein notorischer Besserwisser. Ich verfüge schlicht über mehr als 20 Jahre praktische Erfahrung im Gesundheitswesen, war in dieser Zeit sehr nah dran an den Themen und den verschiedenen Spielern.

Auf Basis dieser Erlebnisse und Erfahrungen habe ich in diesem Buch an sich bekannte Probleme und Dysfunktionen aufgezeigt, die ihre Ursachen im tradierten System der deutschen Sozialversicherung haben. Dabei ging es auch um die Frage, wo das Geld dafür herkommt. Wir sind insoweit verfangen in einer Tradition der Versichertengemeinschaften, dem Gedanken der Beitragsfinanzierung, faktisch einer umlagebasierten Finanzierung. Eine solche wird auf Dauer sicher nicht mehr in dieser Form leistbar sein, allein schon wegen des Generationenbruchs.

Mit dieser Einnahmenseite habe ich mich bewusst nicht weiter beschäftigt, auch wenn dieser Teil nicht weniger reformbedürftig wäre. Das gilt genauso für die übermäßig ausgeprägten und institutionalisiert (über)mächtigen Selbstverwaltungsstrukturen im deutschen Gesundheitswesen. Für diese Fragestellungen bin ich nicht der Richtige, jedenfalls nicht in diesem Buch. Ich erwarte hierzu kontroverse gesellschaftliche Diskussionen noch vor 2030. Deren Ergebnis wird Auswirkungen haben auf das Geld, das dann noch für das Gesundheitswesen da sein und dessen Möglichkeiten begrenzen wird.

Mein Thema – und Kern dieses Buches – ist vielmehr die Frage, wie man mit dem Geld umgeht, das vorhanden ist. Mein Fazit: Das deutsche Gesundheitswesen muss grundlegend und radikal transformiert werden, um den Menschen in diesem Land dauerhaft gerecht werden zu können. Und zwar nicht morgen, übermorgen oder irgendwann, sondern jetzt.

Gesundheitsreform ist eine Mogelpackung

Wir haben überdimensionierte Strukturen, insbesondere im stationären Bereich. Hinzu kommen dysfunktionale Brüche im System, die eine an dem Bedarf der Menschen orientierte Versorgung beeinträchtigen. Wir schaffen es nicht mehr bzw. nur unter großen Mühen, diese Infrastruktur mit Geld und Ressourcen zu bedienen. Das ist heute jedem klar. Gestritten wird indes über die Frage, was konkret wie daran zu ändern ist. Der aktuelle Reformansatz von Karl Lauterbach beschäftigt sich in erster Linie mit Krankenhäusern. Die Reform soll dazu beitragen, das System zu verbessern. Ich meine: Das ist eine Mogelpackung! Intelligent verpackt. Aber das ändert nichts am Inhalt.

Die gefährlichsten Fallstricke liegen in den in diesem Buch dargestellten dysfunktionalen Systemfehlern, die über Jahrzehnte aufrechterhalten wurden. Der Reformansatz von Karl Lauterbach lässt die eigentlichen Fehlfunktionen unberührt, er bedient sie sogar bewusst weiter. Er beabsichtigt eine Entmachtung der Bundesländer in der Krankenhausplanung, um so künftig neue Hebel für eine Bereinigung der Krankenhauslandschaft ansetzen zu können. Das ist zwar politisch nachvollziehbar, insgesamt aber in der angedachten Reform hochriskant. Das Spiel auf Zeit ist gefährlich angesichts der Tatsache, dass damit neue Milliarden in den bestehenden Strukturen versickern werden. Ohne Klarheit zur Bereinigung des Marktes sind diese Gelder komplett verschwendet! Als wollte man ein Feuer mit Benzin löschen.

Besseres entsteht nicht am Reißbrett

Es braucht einen Perspektivwechsel. Es braucht den Blick vom künftigen Ziel einer barrierefreien, bezahlbaren, wohnortnahen, bedarfsgerechten und qualitativ hochwertigen Versorgung zurück auf das Gesundheitssystem, das wir heute haben. Denn so wird die Sicht klar auf mögliche Lösungsansätze, denen es dann konsequent zu folgen gilt. Dabei müssen wir uns im Klaren sein: Wie genau das Ergebnis aussehen wird, kann heute niemand wissen. Es wird ein längerer Prozess sein, in dem an verschiedenen Orten nach Bedarf und Relevanz zu unterschiedlichen Zeiten vieles probiert wird, in dem auch Fehler gemacht werden. Fehler, aus denen man dann lernen kann. Neues, Besseres entsteht nicht am Reißbrett und nicht über Nacht

Nach meinen 23 Jahren im deutschen Gesundheitswesen und einigen Ausflügen in andere Gesundheitssysteme Europas plädiere ich für den Einstieg in eine Systemreform, ich plädiere für ein BE FASTER im deutschen Gesundheitswesen.

BE FASTER im deutschen Gesundheitswesen!

Das BE ist entstanden mit Blick auf die durch das DRG-System induzierten Effizienzen, die das deutsche Gesundheitssystem big & efficient (BE) erscheinen lassen. In Wahrheit sind zwar Teilbereiche effizient organisiert, nur verpuffen diese Effizienzen komplett angesichts des immer noch wenig effektiven Gesamtsystems. FASTER steht konkret für insgesamt sechs Detailparameter, die zur Erreichung des formulierten Ziels essenziell sind. Es umfasst eine praxisnahe Auswahl der zur Transformation wichtigsten Basisfaktoren:

Finanzierungsrahmen. Agilität. Skalierung. Transformation. Effektivität. Relevanz. Und das alles von jetzt an mit höherem Tempo.

Eine Auszeit den Bewahrern, Freiräume den Gestaltern!
Schneller werden wir allerdings nur dann sein, wenn die Politik in Bund und Ländern nicht jeden nächsten Schritt in neuen Koalitionsstreitigkeiten oder Kompetenzgerangel blockiert. Schneller werden wir nur sein, wenn wir die Blockaden in der Selbstverwaltung umgehen. Schneller werden wir nur sein, wenn wir den Bewahrern eine Auszeit genehmigen und die Gestalter innerhalb neu geschaffener Freiräume endlich machen lassen. Wir benötigen künftig zu Skalierung fähige und bereite Akteure mit „Hands-on-Mentalität". Durchschnittslösungen, wie sie durch Standardgesetzgebung in tradierten Arbeitsvorgängen vorgeschrieben werden, helfen nicht mehr weiter.

Akteure im Gesundheitswesen handeln nach Geldströmen, also entlang der Frage, ob eine Leistung überhaupt und, wenn ja, von wem in welcher Höhe wie und wann bezahlt wird. Der Blick auf den *Finanzierungsrahmen* ist essenziell. Er stellt derzeit sicher, dass und wie die bei medizinischen Infrastrukturen aktueller Prägung hohen Betriebskosten bezahlt werden können und ggf. dennoch Profit für Investitionen übrig bleibt. Mein Vorschlag setzt bei den aktuell verfügbaren Mitteln an. Er vermeidet einerseits Effizienzfallen und Verschwendung, garantiert andererseits den Einsatz der Mittel im Sinne der Menschen, eben nicht primär zum Erhalt der Strukturen.

Er sieht zunächst keine wesentlichen Änderungen bei der Bestückung und Verwaltung der Gesundheitsbudgets vor, auch wenn es sich lohnen könnte, manche Dysfunktion in den Selbstverwaltungsstrukturen bei dieser Gelegenheit gleich mitzubereinigen. Dennoch halte ich derzeit den Fokus auf die Leistungsseite für relevanter. Es gilt das, was im System bezahlt wird, und zudem, wie die Leistungen organisiert sind, zu adaptieren an den evidenten Versorgungsbedarf. Wir müssen die richtigen Angebote am richtigen Standort fokussieren, egal ob stationär oder ambulant, egal ob in Person, digitaler Begleitung oder mithilfe personalisierter KI. Wir müssen die komplexeren Angebote räumlich bündeln in Netzwerken, die diese mit vorhandenen Ressourcen in bester Qualität und hohen Fallzahlen erbringen können. Die Finanzierung muss künftig bewusst diese Struktur befördern. Derzeit bestehende finanzielle Fehlanreize sind zu beseitigen.

Der Reformansatz von Karl Lauterbach bedient einige dieser Punkte. Im Vordergrund steht bei ihm aber der (vermeintliche) Ausstieg aus dem DRG-Fallpauschalensystem. Und er fokussiert maßgeblich auf die Krankenhäuser. Beides halte ich für gefährlich und am Thema vorbei. Das DRG-System ist nicht die Ursache des Problems, sondern das Kontrastmittel, das die dysfunktionalen Systemfehler sichtbar gemacht hat. Es ist deshalb die ideale Ausgangsbasis für einen Einstieg in die Transformation, adaptiert um die seit Jahrzehnten hinweg diskutierten Qualitätsparameter und begleitet von budgetären Maßnahmen zur strukturierten und zielführenden Begleitung der sukzessive zu beobachten Krankenhausinsolvenzen.

Gesundheitsagenda gegen Volkskrankheiten

Ich plädiere zudem für eine deutsche Gesundheitsagenda, die künftig den Bedarf vulnerabler Gruppen (z.B. alte Menschen, Kinder) besser bedient, die Triagen im System (z.B. Rettungswesen, Notaufnahmen, Intensivmedizin) besser koordiniert und schließlich die heutigen Möglichkeiten zur Bekämpfung der fünf Volkskrankheiten besser nutzt. Für die Budgets der

Gesundheitsagenda müssten noch detaillierte technische Voraussetzungen geschaffen und Verantwortlichkeiten beschrieben werden. Gleiches gälte für die Verwaltung und Ausgabe eines Transformationsfonds. Schließlich müssten auf Landesebene die Verantwortlichkeiten beim Aufbau der regionalen Versorgungscluster geregelt werden, flexibel und bedarfsgerecht.

Es braucht mehr *Agilität* in der Gestaltung. Es braucht die Fähigkeit, Inhalte und das Timing einer Umsetzung von Maßnahmen an modifizierte nationale, regionale oder lokale Rahmenbedingungen anpassen zu können. Es ist nicht möglich, das Gesundheitswesen nach einem einzigen systemischen Standard zu organisieren. Spanien lebt ein Gesundheitssystem, das hohe Agilität in regionalen Märkten zulässt, Raum für Vielfalt und Innovationen geschaffen hat. In Deutschland bräuchte es mehr Agilität im Gesundheitssystem, um den unterschiedlichen Anforderungen der Menschen gerecht zu werden, denen in den Großstädten, den ländlichen Gebieten, regional und lokal teils sehr unterschiedlich in Ost, West, Süd und Nord.

Dementsprechend werden wir nach der Transformation im Detail unterschiedlich aussehende und funktionierende regionale Clusterstrukturen vorfinden mit einer Vielfalt an Varianten zur Vergütung der in den Versorgungsclustern konkret erbrachten Leistungen. Insgesamt bedeutet dies eine bewusste Abkehr vom bisherigen Credo, dass die Versorgung überall in Deutschland gleich finanziert und organisiert werden soll. Es ist ein Irrtum zu glauben, dass die Versorgung dann überall gut wäre. Das Gegenteil ist der Fall. Wir müssen Finanzierung und Organisation künftig regional flexibel zulassen, damit die Versorgung bedarfsgerecht besser wird – der vermutlich größte Denksprung für die heutigen Akteure, gleichzeitig aber der vermutlich größte Schritt zu besserer Versorgung.

Den Nutzen der Digitalisierung vermitteln

Und wir brauchen dringend die Möglichkeiten zur *Skalierung.* Weil Fachkräfte knapp sind, müssen wir auf eine Entlastung durch digitale Organisation, maschinelle Begleitung und den zunehmenden Einsatz von Robotik und KI setzen. Ich bin nicht überzeugt von einer Digitalisierungsstrategie, die für alle und jeden in ganz Deutschland im Gesundheitswesen gleiche Reifegrade vorsieht. Ich denke, wir müssen auch hier differenzieren. Sowohl nach dem Zweck einer digitalen Maßnahme als auch bei der Umsetzung. Wir müssen den Menschen näherbringen, welchen echten Nutzen Digitalisierung für die eigene Versorgung – oder in Gesundheitsberufen für die eigene Tätigkeit – faktisch bringt. Auch hier gilt der Grundsatz: „Folge dem Geld!" Dieses Geld sollte jedoch nicht nach Gießkanne in einem Förderflow von IT-Projekten oder einem Bestellkatalog für Health-DigiApps versickern, sondern in künftig regional fokussierten Versorgungsclustern einen messbaren Beitrag zur Verbesserung der Versorgung der Population leisten. Gesunde Digitalisierung folgt inhaltlich Versorgungsthemen, nicht umgekehrt.

Unser Gesundheitssystem fokussiert heute auf Infrastruktur. Ressourcen werden falsch eingesetzt und sind daher zu wenig verfügbar, wo sie eigentlich gebraucht werden. Der Mensch im Mittelpunkt der Bemühungen? In der Praxis heute Fehlanzeige! Die Transformation wird faktisch behindert durch sich stets blockierende Einzel- bzw. Klientelinteressen und die Maximierung eigener Opportunitäten. Die Systeme kreisen um sich selbst und füttern deren Akteure. Deswegen sollte die Transformation auf den Bedarf des Menschen fokussieren und strikt nach Evidenz umgesetzt werden. Ich vermisse diesen nötigen Blick für Freiräume beim aktuellen Reformansatz von Karl Lauterbach. Ich frage nach dem Nutzen für die

Menschen, setze bei dem an, was die Menschen künftig vor Ort brauchen. Und das ist regional völlig unterschiedlich, bestimmt sich nach dortiger Population und den noch vorhandenen Ressourcen. Es gibt dafür keinen deutschen „Einheitsmichel".

Die *Transformation* ist heute nötiger denn je. Denn der Druck aufs System wird größer, die Ressourcen gehen uns aus. Deswegen ist kein weiteres Zögern tolerierbar, die Transformation muss unverzüglich, sie muss jetzt in Angriff genommen werden. Bevor weiteres Geld in eine dysfunktionale Perpetuierung gesteckt wird. Das Geld muss vielmehr für neue Regionalbudgets zur Verfügung stehen. Die ersten könnten schon kurzfristig entstehen, wenn Bund und Länder die hierfür erforderlichen Freiräume schafften und – wo nötig – unterstützten. Wie wir in drei Phasen zum Ziel kommen, habe ich in Episode #10 beschrieben. Das Vorgehen ermöglicht eine Transformation mit lokalen Tempi bis Ende 2030.

Es reicht schlicht nicht mehr, Bekanntes noch effizienter zu machen. Das ist ein weit verbreiteter Irrglaube in Politik wie Management. Effizienzen verpuffen, wenn wir in eine allgemeine Mentalität subventionierter Kostenerstattungen zurückfallen. Es gilt jetzt, beherzt vom Bekannten Abstand zu nehmen, sofern dies das Ziel nicht fördert, und neu zu denken, die Richtung aktiv zu korrigieren. Es gilt *effektiv* das Richtige zu tun. Nur das wird uns davor schützen, in neue Hamsterräder zu tappen.

Es wird nicht gelingen alles sofort und überall zu tun. Es ist geboten, die dringenden Themen zuerst anzupacken und zu reflektieren, wo die von Region zu Region drängendsten Probleme liegen. Es gilt mit der Umsetzung genau dort zu beginnen, wo der Hebel am größten ist. Es geht also um *Relevanz.* In einfachen Worten: dort ansetzen, wo mit einer bestimmten

Maßnahme am schnellsten einer großen Zahl Menschen am meisten geholfen werden kann. Also genau dort, wo Krankenhäuser wegen fehlender Patienten insolvent werden oder wo Menschen ohne ambulante Alternativen die Notaufnahmen der Krankenhäuser ansteuern.

BE FASTER Karl Lauterbach?

Wir alle hatten große Hoffnungen, dass Gesundheitsminister Karl Lauterbach, selbst Mediziner, die notwendigen Veränderungen des Gesundheitswesens beherzt angeht. Und in der Tat: Bereits in der Koalitionsvereinbarung wurden die Herausforderungen sehr ambitioniert benannt und Initiativen angekündigt. Karl Lauterbach hat diese Ankündigungen dann auch tatkräftig umgesetzt. Mit rund einem Dutzend Gesetzen und noch mehr angekündigten gesetzlichen Initiativen hat er „technisch“ geliefert. Aber er hat das ursprüngliche Ziel aus den Augen verloren. Seine Reform ist belastet mit fatalen Nebenwirkungen. Seine Reform blockiert tatsächlich eine Weiterentwicklung des deutschen Gesundheitswesens, die schon begonnen hatte und sich mit regionalen Freiräumen zu einer echten Transformation entwickeln ließe. Karl Lauterbach vermittelt den Eindruck, er wäre die perfekte Kombination aus Einstein, Herkules und Schweizer Taschenmesser. Ich befürchte, er wird wie Ikarus lernen müssen, dass markig formulierte Ambitionen den Absturz nicht vermeiden, wenn man mit wachsweichen Flügeln unterwegs ist.

BE FASTER Deutschland!

Finanzierungsrahmen.
Agilität.
Skalierung.
Transformation.
Effektivität.
Relevanz.

BE FASTER Deutschland bedeutet: mit dem FINANZIERUNGSRAHMEN verantwortlich umgehen, den Akteuren Freiraum für AGILITÄT verschaffen, ihnen SKALIERUNG ermöglichen, damit eine TRANSFORMATION mit dem gemeinsamen Ziel anstoßen, einer alternden Bevölkerung mit wachsenden und sich verändernden Anforderungen durch mehr EFFEKTIVITÄT die richtigen Gesundheitsangebote zu machen. Und weil wir nicht wissen, welche Erkenntnisse uns die Medizin, Versorgungsforschung und Technologien der Zukunft bescheren, priorisieren wir die Veränderungen nach der RELEVANZ für eine populationsbezogene Gesundheitslandschaft.

Finanzierungsrahmen

Schon bisher wurden dem Gesundheitswesen stetig immer mehr Finanzmittel zur Verfügung gestellt. Trotzdem hat sich im deutschen Gesundheitswesen nur wenig zum Besseren verändert. Das liegt an systemischer Dysfunktion.

Der gesetzliche Rahmen ist zu starr und schreibt vor allem die Rollen der vielen Akteure und deren Vergütungsmodelle fest. An Ergebnissen ist niemand interessiert. Und das, obwohl sachgerechte Lösungen nur interdisziplinär im Zusammenwirken aller Professionen des Gesundheitswesens zu erreichen sind.

Viel zu viele Akteure, alle in Spitzenverbänden organisiert, artikulieren „Durchschnittsinteressen" und blockieren sich in allen Gremien bis hin zum Gemeinsamen Bundesausschuss. Die Selbstverwaltung ist zu einer Selbstverteidigungsinstitution der etablierten Berufsgruppen, Ärzte, Krankenhausgesellschaften, Krankenkassen, geworden, die vor allem den institutionellen Status quo und die Infrastruktur bewahrt.

Auch die Politik blockiert sich selbst, Bund und Länder werfen sich gegenseitig Versagen vor, um vom eigenen Versagen abzulenken. Und die politischen Parteien blockieren sich mit gesundheitspolitischen Konzepten, die längst ihren Bezug zur Wirklichkeit verloren haben. Alle Akteure reden von Reformen, wollen in Wahrheit aber Veränderung zum Nachteil der eigenen Klientel verhindern.

Es gilt, die verfügbaren finanziellen Mittel künftig besser einzusetzen. Orientiert an dem Ergebnis einer barrierefreien, bezahlbaren und guten Versorgung. Damit diese Strukturen per effektiverem Geldeinsatz aufgebrochen werden.

Agilität

Ein institutionell so festgefügtes Gesundheitswesen wie das deutsche wird nicht von heute auf morgen „agil". Die Öffnung des institutionellen Rahmens ist das Vorhaben einer Dekade, das einen parteiübergreifenden Konsens über Prioritäten und die nächsten Schritte erfordert. Aber es gibt auch in Deutschland schon heute unterschiedliche regionale Bedürfnisse und aus diesen heraus die Bereitschaft zu größerer – regionaler und lokaler – Flexibilität bei den Lösungsansätzen.

Der jetzt bereits sichtbar werdende Mangel an Ärzten und Pflegenden erfordert schnelle Maßnahmen. Allerdings nicht dieselben Maßnahmen zum selben Zeitpunkt, sondern individuelle Lösungen, die vor Ort wirken können. Auch wenn wir die Herausforderungen und Chancen kennen, „medizinische Angebote“ und Nachfrage zusammenzubringen, weiß heute niemand vom Reißbrett her, wo genau welcher „Werkzeugkasten“ passt. Die Schlussfolgerung: Es braucht einen Rahmen, innerhalb dessen die notwendigen Schritte mit Tempo eingeleitet und Konzepte regional adaptiert werden können. Diese Schritte werden nicht einheitlich „top down“ erfolgen können, sondern „Die da oben“, also Bund und Länder, müssen den Rahmen so breit öffnen, dass die Akteure vor Ort, also „Die da unten“, die notwendigen Maßnahmen einleiten und für eine bessere Versorgung ausprobieren können.

Skalierung

Aus dem Erfolg der privaten Krankenhausunternehmen können wir lernen, dass „Standardisierung“ und organisiertes Lernen aus Erfahrung wichtige Schlüssel zum Erfolg sind. Skalierung hat Klinikgruppen zu Qualitätsführern gemacht. Dieses Lernen findet iterativ in den einzelnen Unternehmen zu unterschiedlichen Zeitpunkten mit unterschiedlichen Konsequenzen statt. Deswegen tragen Krankenhausmanager ebenso viel zum medizinischen Erfolg von Krankenhäusern bei wie Ärzte, Pflegekräfte und die anderen Gesundheitsberufe. Und um eine der zentralen Lebenslügen des deutschen Gesundheitswesens zu benennen: Kooperationsversprechen, wie sie in losen Ärztenetzen gegeben werden, stellen nur in Einzelfällen eine echte Lösung dar. Genauso wenig passiert etwas allein deswegen, weil Spitzenverbände es empfehlen. Es braucht die gemeinsame Überzeugung, den Mut und die

Kraft zur Umsetzung. Und dies „da unten", also vor Ort, wo die Probleme drängen und griffbereit auf dem Tisch liegen. Dort werden sich die neuen Akteure zusammenfinden und die Dinge neu anpacken müssen.

Transformation

Kleinteiligkeit wird als besondere Errungenschaft des deutschen Gesundheitswesens gefeiert. Kleinteiligkeit bedeutet, dass jeder einzelne niedergelassene Arzt sich um „sein" Geschäftsmodell kümmert. Jede Klinik optimiert ihr individuelles Geschäftsmodell. Jede Pille, jedes Medikament wird auf seine prinzipielle Wirkung evaluiert. Aber wie es in der Realität eingesetzt wird, wie es optimiert werden kann, ist weniger relevant. Wir lieben es im deutschen Gesundheitswesen, die jeweils eigenen Opportunitäten zu maximieren. Das schadet der Gesundheit!

Und wir tun das, obwohl wir wissen, dass die Lösung einer besseren Gesundheitsversorgung in Ergebnisorientierung statt einer Aufwandshonorierung liegt, dass wir überflüssige Aktivitäten, Doppeluntersuchungen, die „Optimierung" einzelner, gut honorierter Indikationen beseitigen müssen, um die Ressourcen für die notwendigen Veränderungen freizusetzen.

Transformation bedeutet die Etablierung vernetzter Plattformen, die einen „just in time"-Zugriff auf aktuelle Patientendaten über die heute geschlossenen Behandlungs- und Therapiepfade und über die verschiedenen Akteure mit deren Interessen hinweg ermöglicht. Ein Blick in andere Wirtschaftsbereiche, teils auch mit Beteiligung der öffentlichen Hand, wie Energie- und Wasserversorgung, Mobilität und Logistik, digitale Vernetzung und Telekommunikation oder öffentlicher Städtebau etc. zeigt, welche Kraft eine echte, gelingende

Transformation zum Wohle der ganzen Gesellschaft entfalten kann. Dieser Blick zeigt aber auch, dass Transformation nicht ohne grundlegende Veränderungen vonstattengeht. Das löst verständlicherweise auch Ängste aus. Die erfreuliche Botschaft lautet indes, dass diese Veränderungen den Menschen letztlich guttun. Nehmen wir als ein Beispiel nur den Einsatz künstlicher Intelligenz, der in einer Zeit demografischen Wandels mit künftig weniger Arbeitskräften quer über alle Bereiche, vom Arzt über die Pflegekraft bis hin zu Physiotherapeuten, konkret helfen und damit Abhilfe schaffen kann.

Effektivität

In den privaten Krankenhausunternehmen haben wir uns, da Honorierung und Verfahrensweisen weitgehend festgelegt sind, darauf konzentriert, die Prozesse effizient weiterzuentwickeln. Wir haben also festgelegte Ziele schneller, besser und kostengünstiger erreicht, damit Gewinne gemacht. Bei der Weiterentwicklung des deutschen Gesundheitswesens wird es indes darum gehen, effektiver zu werden, also Maßnahmen zu ergreifen, die geeignet sind, die Versorgungsziele einer Gesundheitsagenda zu erreichen. Es hilft nicht mehr, das Falsche effizienter zu versuchen.

Relevanz

Ich komme zum Beginn meiner Schlussfolgerungen zurück: Die Veränderung unseres fest zementierten Gesundheitswesens wird nicht auf einen Schlag, in einer Legislaturperiode, sondern schrittweise erfolgen. Hierbei sollte nach Relevanz priorisiert werden. Genau dafür gibt es aber keine Blaupause, die bundesweit standardisiert angewendet werden könnte. Eine gegenteilige Herangehensweise scheint sinnvoller: Freiräume zu schaffen, damit Akteure oder Akteursgruppen die

„Hebel" bei skalierungsfähigen Maßnahmen ansetzen können, die wir alle kennen. Mehr Prävention, also die Menschen unserer Gesellschaft zu motivieren, sich für ihre Gesundheit zu engagieren. Die regionale Gesundheitslandschaft so zu verändern, dass die notwendigen Leistungen allen Versicherten zur Verfügung stehen. Ärzte nicht länger dadurch zu blockieren, dass sie sinnlose Routinen abarbeiten und ihnen deswegen die Zeit fehlt, sich ergebnisorientiert den wichtigen Themen neu zu widmen.

Sechs-Punkte-Programm für Deutschland

In sechs Punkten zusammengefasst bedeutet BE FASTER für Deutschland:

1. Finanzierungsrahmen und Gesundheitsagenda aufstellen

Bund und Länder geben gemeinsam einen von den bestehenden Infrastrukturen und von Klientelpolitik unabhängigen Finanzierungsrahmen vor für weiterhin stabile Beiträge zur Krankenversicherung. Sie entwickeln zudem eine qualifizierte Gesundheitsagenda für Deutschland. Beides bildet die Grundlage für eine bedarfsgerechte Transformation des Gesundheitssystems.

2. Sektoren- und Budgetgrenzen öffnen

Bund und Länder öffnen die Sektorengrenzen für regionale Versorgungsnetzwerke, schaffen und regeln Freiräume für regionale Budgets, wo nötig, ergänzt um Transformationshilfen. Flankiert von transparenter Kommunikation schaffen sie damit Vertrauen der Menschen in vor Ort dringend benötigte agile Lösungen.

3. Regionale Versorgungsnetzwerke etablieren

Aus erfolgreichen Pilotprojekten werden regionale Versorgungsnetzwerke gebildet, räumlich wie digital verknüpft und bis Ende 2030 sukzessive flächendeckend ausgerollt. Es wird damit dort begonnen, wo der Bedarf am größten ist, weil vor Ort zu viele oder zu wenig Kliniken da sind, eine Krankenhausinsolvenz konkret droht oder schlicht die Ärzte fehlen.

4. Verantwortung vor Ort einfordern

Diese echte Transformation entsteht nicht am zentralen Reißbrett in Berlin. Sie entwickelt sich von der Basis her und wird von den Akteuren vor Ort aktiv gestaltet. Sie folgt qualifiziert dem Geld und findet Lösungen für die knapper werdenden Ressourcen. Und sie bindet die Menschen ein, nimmt sie mit in die Verantwortung, eine bedarfsgerechte Gesundheitsversorgung mitzugestalten.

5. Versorgungsqualität effektiv erhöhen

Effizienzfallen in Hamsterrädern werden ersetzt durch effektive Netzwerke, die sich an messbarer Versorgungsqualität und an der Gesundheitsagenda orientieren. Die Delegation an regionale Versorgungsnetzwerke und die Vergütung aus spezifischen regionalen Budgets werden daran geknüpft. So wird die Versorgungsqualität für die Menschen insgesamt spürbar und nachhaltig erhöht.

6. „Healthcare made in Germany" in die Welt exportieren

Das „echt" transformierte deutsche Gesundheitssystem kann zum Vorbild und Dienstleister werden für eine Welt, in der Milliarden Menschen Zugang zu Gesundheitsversorgung benötigen. Mithilfe von digitalen Begleitern, Datenplattformen und medizinischen Technologien kann Deutschland zu einer innovativen Gesundheitsnation werden, die ressourcenschonend global eine schlanke und gleichzeitig sehr leistungsfähige medizinische Versorgung zu ermöglichen hilft.

Den schlafenden Riesen wecken

Sollten wir das alles eines Tages tatsächlich der Reihe nach erfolgreich durchdekliniert haben, dann hätten wir ein Gesundheitswesen geschaffen, das durch bedarfsgerechte Anpassung der Infrastruktur einerseits und durch die Skalierung bei der Leistungserbringung andererseits eine größere Population an Menschen erreichen und besser versorgen könnte als bisher möglich.

Alles spricht dafür, dass der Versuch von Karl Lauterbach kein Einstieg in eine solche Transformation wird, sondern die Fortsetzung eines pathologischen Reformaktionismus, der die Lösung dysfunktionaler Systemfehler aus politischem Kalkül auf Sankt-Nimmerleins-Tage verschiebt. Es mangelt aus heutiger Sicht also nicht nur an Einigkeit zum Therapieziel. Es fehlt auch an einem klaren Plan, wann, wo genau und mit welchen Mitteln eine Therapie begonnen werden soll. Jedes Zögern führt jedoch zu weiteren Metastasen und riskanten Therapieverläufen.

Ich bin für eine Reform, die sich an der Chirurgie orientiert, die personalisiert genau dort interveniert, wo dies nötig ist und punktgenau hilft. Kombiniert mit an den regionalen Bedarf angepassten Geschwindigkeiten in der Umsetzung. Letztlich wäre das ein Gewinn für alle: Die Haushaltsbudgets würden geschont, gesunde wirtschaftliche Anreize geschaffen, Arbeitsbedingungen verbessert. Am meisten profitieren aber würden diejenigen, um die es uns doch vor allen anderen geht: Menschen, die gesund bleiben oder werden wollen.

BE FASTER Deutschland! könnte sich zum kollaborativen Architekten und Schrittmacher einer global vernetzten Infrastruktur mausern. Damit könnte Deutschland in Sachen Gesundheit sukzessive vom ewigen Talent zur innovativen Gesundheitsnation reifen, die künftig überall auf der Welt Zugang zur Versorgung schafft. Für alle Menschen, egal ob reich oder arm, jung oder alt.

Was für eine Vorstellung! Eine Vorstellung, an die zu glauben und an der es zu arbeiten lohnt. Dann bleibt sie keine Utopie – sondern wird neue Realität.

Der Riese kann geweckt werden. Und mit Tempo auf den richtigen Weg gebracht werden.

Wenn wir es wollen – und es dieses Mal endlich richtig machen!

Danksagung

Ich bedanke mich bei allen, die mich ein knappes Vierteljahrhundert bei Helios mit Ausdauer und Kreativität begleitet haben. Ohne unsere Begegnungen und unsere gemeinsamen unternehmerischen Aktivitäten wäre dieses Buch nicht möglich gewesen, sie sind der Nährstoff für meine Episoden. Ich danke den Menschen, die mich in zwei Jahrzehnten angeschrieben, herausgefordert und inspiriert haben, die vom deutschen Gesundheitswesen das einfordern, was wir brauchen. Euretwegen gibt es dieses Buch. Ich danke allen Kolleginnen und Kollegen im deutschen Gesundheitswesen für den regen Austausch über Jahrzehnte hinweg, neugierig, kontrovers und wertschätzend, den Patienten verpflichtet. Ich danke Matthias Link für sein kluges Coaching bei der Geburt und der Textur des Riesen, sein Feingefühl mit meinen Eigenheiten in der Tonalität. Dem Verlag Frankfurter Allgemeine Buch danke ich für die Realisierung unseres Riesen. Vor allem aber ein Danke aus tiefstem Herzen an meine Familie, die mich und meine Projekte – und insbesondere auch die Arbeit an diesem Buch – mit Nachsicht, Weitsicht und von mir extrem strapazierter Geduld unterstützt.

Der Autor

Francesco De Meo arbeitete nach seinem Jurastudium und der Promotion zunächst als Anwalt und Geschäftsführer einer deutschen Unternehmensberatung. Im Jahr 2000 wechselte er zu Helios, einem Start-up als Krankenhausträger in Deutschland. Er entwickelte das Unternehmen zu Europas führender privater Klinikengruppe. Heute begleitet er weltweit Transformationen und berät Start-ups im Gesundheitswesen.